U0960929

高等职业教育职业核心能力系列教材

应用统计学

主　编：马树燕　王慧颖
副主编：王海萍　宋　婷

北京理工大学出版社
BEIJING INSTITUTE OF TECHNOLOGY PRESS

图书在版编目（CIP）数据

应用统计学/马树燕，王慧颖主编．—北京：北京理工大学出版社，2020.7
ISBN 978－7－5682－8668－8

Ⅰ．①应…　Ⅱ．①马…②王…　Ⅲ．①应用统计学　Ⅳ．①C8

中国版本图书馆 CIP 数据核字（2020）第 116834 号

出版发行／北京理工大学出版社有限责任公司
社　　址／北京市海淀区中关村南大街 5 号
邮　　编／100081
电　　话／（010）68914775（总编室）
（010）82562903（教材售后服务热线）
（010）68948351（其他图书服务热线）
网　　址／http：//www. bitpress. com. cn
经　　销／全国各地新华书店
印　　刷／三河市天利华印刷装订有限公司
开　　本／787 毫米×1092 毫米　1/16
印　　张／11. 25
字　　数／218 千字
版　　次／2020 年 7 月第 1 版　2020 年 7 月第 1 次印刷
定　　价／33. 00 元

责任编辑／王晓莉
文案编辑／王晓莉
责任校对／周瑞红
责任印制／施胜娟

丛书编委会

序

职业能力包括三个方面，即：职业特定能力、职业通用能力和职业核心能力。

职业特定能力是指从事某种具体的职业、工种或岗位，所需对应的技能要求，主要用于学生求职时所需的一技之长。职业通用能力是一组特征和属性相同或者相近的职业群（行业）所体现出来的共性技能，主要用于积淀学生在某一行业未来发展的潜力。职业核心能力是适用于各种岗位、职业、行业，在人的职业生涯乃至日常生活中都必须具备的基本能力，是伴随人终身成长的可持续发展能力，主要用于提升学生职业发展的迁移能力。

亚马逊贝索斯经常被问到一个问题：“未来十年，会有什么样的变化?”但贝索斯很少被问到“未来十年，什么是不变的?”贝索斯认为第二个问题比第一个问题更重要，因为你需要将你的战略建立在不变的事物上。

随着知识经济时代的发展，职业结构也发生相应的变化，社会财富创造的动力正由依靠体力劳动向依靠体力和脑力劳动相结合的方向转变，随着生产技术的进步，处于职业结构金字塔底端的非技术工人和中间的半技术工人的比例将严重下降，而最受欢迎的将是具备多方面能力和广泛适应性的高素质技术人员。调查显示，企业最关注的学生素养因素排名前十位依次为：工作兴趣和积极性、责任心、职业道德、承担困难和努力工作、自我激励、诚实守信、主动、奉献、守法、创造性。这些核心素养比一般人所看重的专业技能更为重要，是一个企业长足发展的内在不竭动力。

因此，职业教育中必须有“核心素养”的一席之地，来帮助传递关键能力，如应对不确定性、适应性、创造力、对话、尊重、自信、情商、责任感和系统思维。

为此，昆山登云科技职业学院在广泛调研和借鉴国内外高职教育的经验基础上，在校级层面开设四类职业核心能力课程：专业能力类、方法能力类、社会能力类、生活能力类。

◆ 专业能力

1. 统计大数据与生活

在终极的分析中，一切知识都是历史：我们现在拥有的知识都是对过去发现的事物的归纳总结以及衍生；在抽象的意义下，一切科学都是数学：所有的知识都可以归纳为对数学的推理和运算。在大数据时代下，一切都离不开数据，而所有数据都离不开统计学，在统计学作用下，大数据才能发挥出巨大威力，具有实实在在的说服力。

2. 用 Python 玩转数据

数据蕴涵价值。大数据时代，选择合适的工具进行数据分析与数据挖掘显得尤为重要。Python 语言简洁、功能强大，使得各类人员都能快速学习与应用。同时，其开源性为解决实际问题和开发提供强大支持。Python 俘获了大批的粉丝，成为数据分析与挖掘领域首选工具。

3. 向阳而生，心花自开——大学生心理健康教育

保罗·瓦勒里说：心理学的目的是让我们对自以为了然于胸的事情，有截然不同的见解。拥有“心理学”这双眼睛，才能得到小至亲密关系、大到人生意义的终极答案。进入心理学的世界，让你看见自己，读懂他人，建立积极的社会关系，活出丰盈蓬勃的人生。

4. 审美：慧眼洞见美好

吴冠中说：“现在的文盲不多了，但美盲很多。”木心说：“没有审美力是绝症，知识也解救不了。”现在很多人缺乏的不是物质，也不是文化，而是审美。没有恰当的审美，生活暴露出最务实、最粗俗的一面，越来越追求实用化的背后，生活越来越无趣、越来越枯萎。审美力是对生活世界的深入感觉，俗话说：世界上不乏美的事物，只缺乏那双洞察一切美的眼睛。一个人审美水平的高低，在一定程度上决定了他竞争力水平，因为审美不仅代表着整体思维，也代表着细节思维。

◆ 方法能力

5. 成为 Office 专家

学习 Office，学到的不只是 Office。职场办公，需要的不仅是技能，更需要解

决问题的能力。会，只是基础；用，才是乐趣。成为 Office 专家，通过研究和解决所遇到的 Office 问题，体会协作成功之乐趣。

6. 信息素养：吾将上下而求索

会搜索是一种解决问题的能力。快速、便捷地搜索全网海量信息资源，最新、最好看的电影、爱豆视频任你选；学霸养成路上的“垫脚石”，论文、笔记、大纲、前人经验大放送；购物小技能，淘宝、京东不多花你一分钱；人脉搜索的凶猛大招，优秀校友、企业精英、电竞大神带你飞；还可以来一次说走就走的旅行，等等。让我们成为一名智慧信息的使用者。

7. Learning How to Learn 学会如何学习：从认知自我到高效学习

学会如何学习是终极生存技能。为什么学？学什么？如何学？一直是学习者关注的话题。掌握正确的学习方法，是改变学习效果的关键，也是改变人生的关键。只要找到了适合自己的学习方法，学习就会变得有意思，你也会变得更有自信，你的世界也会变得更加多元……

8. 思维力训练：用框架解决问题

你能解决多高难度的问题，决定了你值多少钱。思维能力强大的人，能够随时从众人当中脱颖而出，从而源源不断地为自己创造机会。这是一套教你如何用“思维框架”快速提升能力，有套路地解决问题的课程。

◆ 社会能力

9. 职场礼仪

我国素享“礼仪之邦”的美誉，礼仪文化源远流长、博大精深。“礼”表达的是敬人的美意，“仪”是这种美意的外显，礼仪乃是“律己之规”与“敬人之道”的和谐统一。礼仪是社交之门的“金钥匙”，是人际交往的“润滑剂”，是事业成功的“法宝”。不学礼，无以立。

10. 成功走向职场——大学生的 24 项修炼

通过技能示范、角色扮演、大组和小组讨论、教学游戏、个人总结等体验式教学法，帮助青年人加强个人能力，如沟通、自信、决策和目标设定；帮助青年人发现并分析自己关于一些人生常见话题的价值观；帮助青年人形成良好的自我与社会定位，能够用符合社会认知并且理性的方式解决问题和冲突；帮助青年人构建学以致用的职场技能，提高青年的学习生活与工作效率，让自己更加接近成功。

◆ 生活能力

11. 昆曲艺术

昆曲，又名昆山腔、昆剧，是“百戏之祖”，属于“阳春白雪”的高雅艺术。昆曲诞生于元末江苏昆山千墩，盛行于明清年间，迄今已有600多年历史。昆曲是集文学、历史、音乐、舞蹈、美学等于一体的综合艺术。2001年，昆曲被联合国教科文组织授予“人类口述和非物质遗产代表作”称号。

12. 投资与理财

投资理财并不只能帮助我们达到某个财务目标，它还可以帮助我们建立一种未来感，让我们把目光放得更长远，实现人生目标。本课程通过介绍投资理财的基础理论知识来武装大脑，通过介绍常见的投资理财工具来铸就投资理财利器。“内服”+“外用”，更好地弥补你和“钱”的鸿沟。

13. 大学生就业指导与创业

当你对自己的梦想产生怀疑时，生涯规划会为你点亮通往梦想的那盏明灯；当你带着梦想飞翔到陌生的职业世界，却不知如何选择职业时，科学的探索方法将成为你职业发展道路上的“魔杖”；当你在求职路上迷茫时，就业指导带给你一份新的求职心经，陪伴你在求职路上“升级打怪”；当你的目光投向创业却不知什么是创业、如何创业时，我们将为你递上一张创业名片。让我们沿着规划，一路向前，走上属于自己的职业发展之路。

14. 学生全程关怀手册

不论是课业疑惑、住宿问题、情感困扰、生活协助或就业压力，我们提供最周详的辅导、服务资讯，协助同学快速解决各类困难与疑惑。

丛书以成果导向为指导理念编写，力求将可迁移的通用能力分解为具体可操作实现的一个个阶段学习目标，相信在这些学习目标的引导下，学习者将构建形成适应当前社会经济发展需要的职业核心能力。

前　言

统计学是一门搜集、处理、分析数据方法论科学的课程，是认识社会、适应社会的有用工具，在社会经济管理领域有着广泛的应用。本书是为适应高职高专类院校人才培养方案中的教学要求而编写的，目的在于使学生掌握统计学的基础知识和统计工作的基本技能，培养学生阅读、整理、分析统计数据的能力。

基于学生的认知能力和学习能力，本书在编写过程中坚持实用、适用的原则，注重实践性、应用性和技能性。本书各章开篇设置了相关案例，用案例分析导入学习内容；并配置知识目标、能力目标，方便学生全面知晓整个单元的知识内容。每章中插入的案例做到了文字简洁通俗、言简意赅。各章后配有习题，意在归纳各章的基本知识点，提高学生的知识运用能力。本书最后的“视野开阔篇”，可让学生们认识到大数据时代下统计学与生活是息息相关、密不可分的。整个教材力求版面新颖、活泼生动，符合学生的心理认知特点。

本书由昆山登云科技职业学院马树燕老师、王慧颖老师任主编，具体分工为：马树燕老师编写第四章、第五章和“视野开阔篇”部分内容，王海萍老师编写第一章和“视野开阔篇”部分内容，宋婷老师和王慧颖老师分别编写第二章和第三章；全书由马树燕老师统稿。本书部分内容参考了相关书籍，在此对作者表示感谢。

尽管我们在编写过程中力求突出好教、易读、实用的特点，但由于高职统计学教材建设还处于探索阶段，时间仓促，实践不足，加上作者水平有限，书中难免有疏漏和不足之处，恳请读者批评指正。

编　者

2020 年 3 月于昆山

前言

[illegible]

[illegible]

本书由[illegible]

[illegible]难免有疏漏和不足之处，恳请读者批评指正。

编者

2020 年 4 月于昆山

目　录

第一章
走近统计学

开篇案例：哪里的弹痕最致命？

1941 年，第二次世界大战正打得如火如荼。

有一天，美国哥伦比亚大学著名统计学家沃德教授受英国皇家空军作战指挥官委托，分析德国地面炮火击中联军轰炸机的资料，并且从统计学的角度建议机体装甲应该如何加强才能降低被炮火击落的概率。

沃德研究发现，机翼是最容易被击中的部位，而飞行员的座舱与机尾则是最少被击中的部位。在研究成果报告的会议上，负责该项目的作战指挥官说："研究清楚地显示，联军轰炸机的机翼，弹孔密密麻麻，最容易中弹。因此，我们应该加强机翼的装甲。"

沃德客气但坚定地说："将军，我尊重你在飞行上的专业，但我有完全不同的看法，我建议加强飞行员座舱与机尾发动机部位的装甲，因为那里最少发现弹孔。"

在全场错愕的眼光中，沃德解释："我所分析的样本中，只包含顺利返回基地的轰炸机。从统计的观点来看，我认为被多次击中机翼的轰炸机似乎还是能够安全返航，而飞机很少发现弹着点的部位，并非真的不会中弹，而是一旦中弹，根本就无法返航。"

皇家空军部部长决定接受沃德的建议，立刻加强驾驶舱与机尾发动机的防御装甲。不久之后，联军轰炸机被击落的比例果然显著降低。为了确认这个决策的正确性，一段时间后，英国军方动用敌后工作人员收集了部分坠毁在德国境内的联军飞机残骸，这些飞机中弹的部位果真如沃德所预料，主要集中在驾驶舱与发动机的位置。

乍看之下，作战指挥官加强机翼装甲的决定十分合理，但他忽略了一个事实：布满了弹痕的机翼反而是飞机最强韧的部位。空军作战指挥官差点因为太重视"看得见"的弹痕，反而做出错误的决策。

这个故事告诉我们统计的魅力所在。大数据时代，我们都应该具有统计的眼光和思维。

本章概述

当你在网上点餐时，是不是会习惯性地看一下大家对某家饭店或某个套餐的评分。当你在淘宝或京东等网站购物时，页面会显示你最近浏览的痕迹，并且根据浏览信息推送相似的物品或者你很可能会购买的商品，这些都是经过对各种数据和信息的分析和处理得到的，而处理数据信息的方法和手段离不开一门重要的学科——统计学。

在大数据时代，我们很有必要了解统计学的前世今生。本章将带领大家学习统计学的发展历史、含义、作用及统计学的研究对象、研究方法和研究阶段。

学习目标

知识目标：

1. 了解统计学的发展历史及相关概念；
2. 知道统计学的含义和作用；
3. 清楚统计学的研究方法和研究阶段。

能力目标：

1. 能够熟练列举与统计学相关的生活实例；
2. 能够用统计的眼光去观察生活现象，有初步的统计研究思维。

第一节 统计学的产生和发展

一、统计学的发展历史

统计作为一种社会实践活动，已有悠久的历史。据历史记载，我国在西周时期就已建立了统计报告制度。统计学的英文“statistics”最早起源于现代拉丁文“statisticum collegium（国会）”以及意大利文“statista（国民或政治家）”，最早是由 Gottfried Achenwall 于 1749 年使用，代表对国家的资料进行分析的学问，也就是“研究国家的科学”。在 19 世纪，统计学被重视并广泛地应用在对数据资料的分析中，统计学英文最终演变为“statistics”，依旧保留了“state”（国家）这个词根。这也进一步表明，自从有了国家，就有了统计实践活动。

一般认为，统计学的理论研究开始于古希腊的亚里士多德时代，迄今已有

2 300 多年的历史，起源于对社会经济问题的研究。在统计学的发展过程中，至少经历了以下三个发展阶段。

第一阶段称为城邦政情（Matters of State）阶段，始于古希腊的亚里士多德撰写的《城邦政情》或《城邦纪要》，其内容包括各城邦的历史、行政、科学、艺术、人口、资源和财富等社会和经济情况的比较、分析，具有社会科学特点。这种统计研究延续了一两千年，直至 17 世纪中叶才逐渐被“政治算数”这个词替代，并很快演化为 statistics（统计学）。

第二阶段称为政治算数（Political Arthmetis）阶段，与第一阶段没有很明显的分界点，本质的差别也不大。政治算数的特点是统计方法与数学计算、推理方法开始结合，分析社会经济问题的方式更加注重运用定量分析方法。1690 年，英国威廉·配第（William Petty）出版了《政治算数》一书，这是第二阶段的起始标志。威廉·配第是英国“古典政治经济学之父”，统计学创始人，最早的宏观经济学者。威廉·配第用数字、重量和尺度将社会经济现象数量化的方法作为近代统计学兴起的重要特征，他将统计学领入了搜集数据和分析数据的新时代。

第三阶段称为统计分析科学（Science of Statistical Analysis）阶段。在政治算数阶段出现的统计与数学的结合趋势逐渐发展形成了统计分析科学。19 世纪末，在欧洲大学里，“国情纪要”或“政治算数”等课程逐渐消失，代之而起的是“统计分析科学”课程，当时的课程的内容仍然是分析研究社会经济问题。“统计分析科学”课程的出现是现代统计发展阶段的开端。1908 年，“学生”氏（William Sleey Gosset 的笔名为 Student）发表了关于 t 分布的论文。这是一篇在统计学发展史上划时代的文章，它创立了小样本代替大样本的方法，开创了统计学的新纪元。

现代统计学的代表人物首推比利时统计学家阿道夫·凯特勒（Adolphe Quelet），他将统计分析科学广泛应用于社会科学、自然科学和工程技术科学领域，因为他深信统计学是可以用于研究任何科学的一般研究方法。

现代统计学的理论基础——概率论始于研究赌博的概率问题，大约开始于 1477 年，数学家为了解释支配概率的一般法则进行了长期的研究，逐渐形成了概率论理论框架。在概率论进一步发展的基础上，到 19 世纪初，数学家们逐渐建立了观察误差理论、正态分布理论和最小平方法则，这些使得现代统计方法便有了比较坚实的理论基础。

二、统计学学派

18 世纪末至 19 世纪末是统计学发展的重要时期。在这个时期，不同学派的学术观点已经形成，并且形成了两个主要学派，即数理统计学派和社会统计学派。

（一）数理统计学派

18 世纪，概率论日益成熟，为统计学的发展奠定了基础。19 世纪中叶，概率论被引进统计学而形成数理统计学派。其奠基人是比利时的阿道夫·凯特勒，他的主要著作有《论人类》《概率论书简》《社会制度》和《社会物理学》等。他主张用研究自然科学的方法研究社会现象，正式把古典概率引进统计学，使统计学进入一个新的发展阶段。由于历史的局限性，阿道夫·凯特勒在研究过程中混淆了自然现象和本质区别，对犯罪、道德等社会问题用研究自然现象的观点和方法做出一些机械的、庸俗化的解释。但是，他把概率论引进统计学，使统计学在政治算术阶段建立的“算术”方法的基础上，在准确化道路上大大迈进了一步，为数理统计学的形成和发展奠定了基础。

（二）社会统计学派

社会统计学派产生于19 世纪后半叶，创始人是德国经济学家、统计学家克尼斯（Knise），主要代表人物还有恩格尔、梅尔等人。他们融合了记述学派与政治算术学派的观点，沿着阿道夫·凯特勒的基本统计理论向前发展，但在学科性质上认为统计学是一门社会科学，是研究社会现象变动原因和规律性的实质性科学，以此同数理统计学派通用方法相对立。社会统计学派在研究对象上认为统计学是研究总体而不是个别现象，而且认为由于社会现象的复杂性和整体性，必须对总体进行大量观察和分析，研究其内在联系，才能揭示现象内在规律。这是社会统计学派的显著特点。

社会经济的发展要求统计学提供更多的统计方法，社会科学本身也不断地向细分化和定量化方向发展，也要求统计学能提供更有效的调查整理、分析资料的方法。因此，社会统计学派也日益重视方法论的研究，出现了向实质性方法论转化的趋势。但是，社会统计学派仍然强调在统计研究中必须以事物的质为前提，这同数理统计学派的计量不计质的方法论性质是有本质区别的。

三、迅速发展的统计学

（一）20 世纪的统计学

20 世纪以来，科学技术迅猛发展，社会发生了巨大变化，统计学也进入了快速发展时期，归纳起来有以下几个方面。

1. 记述统计向推断统计发展

记述统计是对所搜集的大量数据资料进行加工整理、综合概括，通过图示、列表和数字，如编制次数分布表、绘制直方图、计算各种特征数等，对资料进行分析和描述。而推断统计则是在搜集、整理所观测样本的数据基础上，对总体进行推断，特点是根据带随机性的观测样本数据以及问题的条件和假定（模型），对未知事物进行以概率形式表述的推断。目前，西方国家所指的科学统计方法，主要就是指推断统计。

2. 社会、经济统计向多分支学科发展

在20世纪以前，统计学的领域主要是人口统计、生命统计、社会统计和经济统计。随着社会、经济和科学技术的发展，统计的范畴已覆盖了社会生活的全部领域，统计学被称为通用的方法论科学，被广泛用于研究社会和自然界的各个方面，并发展成为有着许多分支学科的科学。

3. 传统统计向统计预测和决策科学发展

传统的统计是对已经发生和正在发生的事物进行统计，提供统计资料和数据。20世纪30年代以来，特别是第二次世界大战以后，由于经济、社会、军事等方面的客观需要，统计预测和统计决策科学有了很大发展，统计走出了传统的领域而被赋予新的意义和使命。

4. 多种理论与统计学相互渗透

信息论、控制论、系统论（简称“三论”）与统计学的相互渗透与结合，使统计科学进一步发展和完善。信息论、控制论、系统论在基本概念、基本思想、基本方法等方面有着共同之处，三者从不同角度、侧面提出了解决共同问题的方法和原则。“三论”的创立和发展，彻底改变了世界的科学图景和科学家的思维方式，也使统计科学和统计工作从中汲取了营养，拓宽了视野，丰富了内容，出现了新的发展趋势。

5. 计算机技术和一系列新技术、新方法在统计领域不断得到开发和应用

近几十年，计算机技术不断发展，使统计数据的搜集、处理、分析、存储、传递、印刷等过程日益现代化，提高了统计工作的效能。计算机技术的发展，日益扩大了传统的和先进的统计技术的应用领域，促使统计科学和统计工作发生了革命性的变化。如今，计算机科学已经成为统计科学不可分割的组成部分。随着

科学技术的发展，统计学的理论和实践深度也在不断发展。

6. 统计在现代管理和社会生活中的地位日益重要

随着社会、经济和科学技术的发展，统计在国家管理和企业管理中的地位，以及在社会生活中的地位越来越重要。英国统计学家哈斯利特说："统计方法的应用是这样普遍，在我们的生活和习惯中，统计的影响是这样巨大，以致统计的重要性无论怎样强调也不过分。"甚至有人把现在的时代叫"统计时代"。

（二）统计学现状

在科学技术飞速发展的今天，统计学广泛吸收和融合相关学科的新理论，不断开发应用新技术和新方法，丰富了统计学传统领域的理论与方法，并拓展了新的领域。今天的统计学已展现出强有力的生命力。在我国，社会主义市场经济体制的逐步建立、实践发展的需要对统计学提出了更多、更高的新要求。随着我国社会主义市场经济的成长和不断完善，统计学的潜在功能将得到更充分的挖掘。

1. 对系统性及系统复杂性的认识为统计学的未来发展增加了新的思路

由于社会实践广度和深度不断增加，以及科学技术高速发展，人们对客观世界的系统性及系统的复杂性认识也更加全面和深入。随着科学融合趋势的兴起，统计学的研究触角已经向新的领域延伸，兴起了对探索性数据统计方法的研究，研究的领域向复杂的客观现象扩展。21 世纪，统计学研究的重点将由确定性现象和随机现象转移到对复杂现象的研究，如模糊现象、突变现象及混沌现象等领域。

2. 定性与定量相结合的系统工程方法将为统计分析方法的发展提供新的思想

定性与定量相结合的系统工程方法是钱学森教授于 20 世纪 80 年代末提出的。这一方法的实质就是将科学理论、经验知识和专家判断相结合，提出经验性的假设，再用经验数据和资料以及模型对它的确实性进行检验，经过定量计算及反复对比，最后形成结论。它是研究复杂系统的有效手段，而且在问题的研究过程中处处渗透着统计思想，为统计分析方法的发展提供了新的思维方式。

3. 统计科学与其他学科渗透将为统计学的应用开辟新的领域

现代科学发展已经出现了整体化趋势，各门学科不断融合，已经形成一个相互联系的统一整体。由于事物之间具有相互联系性，各学科之间研究方法的渗透和转移已经成为现代科学发展的一大趋势。许多学科取得的新的进展为其他学科发展提供了全新的发展机遇。将一些尖端科学成果引入统计学，使统计学与其交互发展将成为未来统计学发展的趋势，统计学也将会有一个令人振奋的前景。已经有一些学者开始将控制论、信息论、系统论以及混沌理论、模糊理论等引入统计学，这些新的理论和方法的渗透必将对统计学的发展产生深远的影响。

统计学产生于应用，在应用过程中发展壮大。随着经济社会的发展、各学科相互融合的趋势和计算机技术的迅速发展，统计学的应用领域、理论与分析方法也将不断发展，在所有领域展现其生命力和重要作用。

（三）统计学学科分支

一些学科大量地利用了应用统计学，已经独立成为一门学科。统计学的分支学科有统计学史、理论统计学、统计调查分析理论、统计核算理论、统计监督理论、统计预测理论、统计逻辑学、统计法学、描述统计学、推断统计学、经济统计学、宏观经济统计学，微观经济统计学、管理统计学、科学技术统计学、农村经济调查、社会统计学、教育统计学、文化与体育统计学、卫生统计学、司法统计学、社会福利与社会保障统计学、生活质量统计学、人口统计学、环境与生态统计学、自然资源统计学、环境统计学、生态平衡统计学、国际统计学、国际标准分类统计学、国际核算体系与方法论体系、国际比较统计学等。

除了上述分支，还有其他的统计学延伸学科，如有生物统计学、商务统计学、工程统计学、心理统计学、化学统计学、档案统计学、社会经济统计学、水文统计学、数理统计学、统计语言学、统计物理学、化学统计学。

有些学科广泛地应用统计的方法使其拥有各自的统计术语，这些学科包括农业科学、生物统计、商用统计、资料采矿（应用统计学及图形从资料中获取知识）、经济统计学、电机统计、统计物理学、人口统计、心理统计学、教育统计学、社会统计（包括所有社会科学）、文献统计分析、化学与程序分析（所有有关化学的资料分析与化工科学）、运动统计学（特别是棒球及曲棍球）。

四、大数据时代下的统计学发展

现在已经进入大数据时代。“大数据”这个词汇最早是由全球知名咨询公司麦肯锡于 2013 年提出的。麦肯锡称，数据已经渗透到当今每一个行业和业务职能领域，成为重要的生产因素，人们对海量数据的挖掘和运用，预示着新一波生产率增长和消费者盈余浪潮的到来。

在大数据的时代背景下，人们对数据越来越重视，研究和分析数据的理论和方法越来越丰富，统计学在各个领域都体现出重要的应用价值。在大数据时代，一切都离不开数据，而所有的数据都离不开统计学。在统计学的作用下，大数据发挥出了它巨大的威力，是统计学让数据有了实实在在的说服力。

案例一　啤酒与尿布的故事

“啤酒与尿布”案例正式刊登在1998年的《哈佛商业评论》上，故事发生于20世纪90年代的美国沃尔玛超市中。超市管理人员分析销售数据时发现了一个令人难以理解的现象：在某些特定的情况下，啤酒与尿布两件看上去毫无关系的商品会经常出现在同一个购物篮中。这种独特的销售现象引起了管理人员的注意，经过后续调查发现，这种现象多出现在年轻的父亲身上。

原来，在美国有婴儿的家庭中，一般是母亲在家中照看婴儿，年轻的父亲去超市购买尿布。父亲在购买尿布的同时，往往会顺便为自己购买啤酒，这样就会出现啤酒与尿布这两件看上去不相干的商品经常出现在同一个购物篮的现象。如果这个年轻的父亲在卖场只能买到两件商品其中一个，则他很有可能会放弃购物而到另一家商店，直到可以一次同时买到啤酒与尿布为止。沃尔玛发现了这一独特的现象，开始在卖场尝试将啤酒与尿布摆放在相同的区域，让年轻的父亲可以同时找到这两件商品，很快完成购物。而沃尔玛超市也可以从而获得了很好的商品销售收入。

当然，“啤酒与尿布”的故事必须具有技术方面的支持。1993年，美国学者艾格拉沃通过分析购物篮中的商品集合，从数学及计算机算法角度提出了商品关联关系的计算方法——Apriori算法，从而找出商品之间的关联关系，并根据商品之间的关系，找出客户的购买行为习惯。“啤酒与尿布”的故事是营销界的神话，更是Apriori算法的真实写照。

案例二　农夫山泉的故事

“农夫山泉有点甜”这句广告词让我们记住了农夫山泉这家企业。农夫山泉从源头到消费者手中都会经过哪些环节？它是如何利用大数据来优化供应链，从而成为矿泉水的市场老大？

农夫山泉股份有限公司是中国饮料20强之一，以矿泉水为主营业务。众所周知，农夫山泉的广告词是“我们不生产水，我们只是大自然的搬运工”，强有力地表现了农夫山泉矿泉水绿色、环保、安全的形象。农夫山泉占据四大优质天然水源：吉林长白山错草泉、浙江千岛湖、广州万绿湖、湖北丹江口。它从不使用城市自来水，而是使用天然的弱碱性水，不含任何添加剂，每一滴农夫山泉都有它的源头。同时，农夫山泉致力于水源保护，并且坚持水源地建厂、水源地灌装。

在用上大数据之前，农夫山泉的销售渠道主要是大量的经销商，这不仅导致农夫山泉对终端零售情况掌握不准确，而且因为每次都需要所有经销商将自己的销售情况反馈给农夫山泉，农夫山泉才可以开始做下一销售季度的销售预测，这也产生了预测和实际销售的时差问题。比如某个小品相的产品在某个城市的销量预测不到位时，公司以往的做法通常是通过大区间的调运来弥补终端货源的不足。“华北往华南运，运到半道的时候，发现华东实际有富余，从华东调运更便宜。但很快发现对华南的预测有偏差，华北短缺更为严重，华东开始往华北运。此时如果太湖突发一次污染事件，很可能华东又出现短缺。”这些预测带来的偏差不仅增加了农夫山泉的运输成本，而且导致了某些地区的产品供不应求，而某些地区却有较大的库存。

这些情况在2011年开始出现了转机。2011年，SAP和农夫山泉开始共同开发“饮用水”这个产业形态中运输环境的数据场景。农夫山泉负责灌装、配送、上架，一瓶超市售价2元的550mL饮用水，其中有3毛钱花在了运输上。如何根据不同的变量来控制物流成本成为问题的核心。SAP团队和农夫山泉团队开始了场景开发，他们将很多数据纳入进来，包括：高速公路的收费、道路等级、天气、配送中心辐射半径、季节性变化、不同市场的售价、不同渠道的费用、各地的人力成本、突发性的需求（比如某城市召开一次大型运动会）。利用这些大数据，农夫山泉计算出了一套最优的仓储运输方案，使各条线路的运输成本、物流中心设置最佳地点等信息及时呈现；将全国十多个水源地、几百家办事处和配送中心整合到一个体系之中，形成一个动态网状结构，进行即时的管控。让退货等问题与生产基地能够实时连接起来，通过大数据准确获知该生产多少、送多少。农夫山泉最终解决了采购、仓储、配送这条线上的“顽症”，实现了产品运输决策的智能化、物流成本的精准化、运输资源的配置合理化。

同时，SAP也推出了创新性的数据库平台SAP Hana。采用SAP Hana后，同等数据量的计算速度从过去的24小时缩短到了0.67秒，几乎可以做到实时计算。而且经过对终端点数据的收集，农夫山泉对终端点情况的熟悉度比经销商还高，因而大幅削减经销商的数量，以求将终端点完全掌握在自己手中。现在，农夫山泉可以准确预测销售，从而平衡生产；同时将400家办事处、30个配送中心纳入供应链体系中，形成一个动态网状结构使退货等问题与生产基地实时连接。有了强大的数据分析能力做支持后，农夫山泉近年以 30% ~40% 的年增长率增长，在饮用水方面快速超越了娃哈哈、乐百氏和可口可乐。根据国家统计局公布的数据，饮用水领域的市场份额，农夫山泉、康师傅、娃哈哈、可口可乐的冰露，分别为 34.8%、16.1%、14.3%、4.7%，农夫山泉几乎是另外三家之和。可见，大数据优化供应链后，农夫山泉有了质的飞越。

第二节 统计的含义、作用与任务

一、统计的含义

统计是一种社会调查活动，不论是宏观社会的整体调查研究还是微观事物的观察分析，都需要统计。例如，开学时，辅导员要统计到校的学生人数；篮球比赛中，教练要统计每个球员的投篮命中率、犯规的次数；人口统计中，要计算男女比例、出生率等。“统计”一词在不同场合有不同的含义，包括统计工作、统计资料和统计学三个方面。

统计工作是根据统计研究的目的和要求，运用科学的统计方法对客观事物的数据资料进行搜集、整理分析的工作活动的统称。统计工作是统计的基础，也是“统计”一词最基本的含义。

统计资料即统计工作所取得的、反映客观事物实际情况和变化过程的各项数字资料及有关文字资料。统计资料是统计工作的成果，一般反映在统计表、统计图、统计手册、统计年鉴、统计资料汇编和统计分析报告中，其内容是反映社会经济现象的规模、水平、速度、结构、比例关系、变化规律等数字或文字资料。

统计学是指导人们认识社会经济现象总体或自然现象总体数量特征的一门科学，是阐述统计理论和方法的系统性科学，是对统计工作实践的理论概括和科学系统的总结，主要论述如何搜集、整理和分析统计资料的理论和方法，目的是探索事物的发展变化规律，以达到对客观现象的科学认识。

统计工作、统计资料、统计学三者之间存在密切的关系，是一个事物的三个方面。一方面，统计工作和统计资料是过程和成果的关系。没有统计工作，就无法得到有用的统计资料，统计工作过程的好坏直接影响统计资料质量的高低。另一方面，统计学与统计工作是理论与实践的关系。理论来源于实践，统计学是统计工作实践经验的系统化、条理化；同时，统计学又反过来指导实践，为统计工作提供理论和方法的指导。

二、统计的特点和作用

（一）统计的特点

统计作为人们认识客观世界总体数量变动关系和变动规律活动的总称，具有以下特点。

1. 数量性

统计是从数量入手认识现象的工具，因而数量性是它的基本特点。其数量性主要包括三层含义：一是事物数量的多少（规模、水平）；二是事物内部及各种事物之间的数量关系（如结构、速度、比例、密度等）；三是关于事物的质与量互变的数量界限（即决定事物性质的数量界限）。社会经济统计就是通过对事物量的研究来描述和分析社会经济现象的数量表现、数量关系和数量变化，以揭示事物本质，反映事物发展的规律，推断事物发展的前景。这是统计学区别于其他社会经济科学的根本特点。

2. 总体性

所谓总体性，是指统计是从整体上反映和分析事物的数量特征，而不是着眼于个别事物。个别事物的数量特征不具有代表性，所以大多数情况下都不能作为分析的依据。对事物的本质和发展规律只有从整体上观察，才能做出正确的选择和判断。比如性别比例问题，就单独的一个家庭来讲，新生儿的性别可能是男性，也可能是女性。有的家庭几个孩子都是男性，也有的家庭几个孩子都是女性，所以性别比例在单个家庭几乎没有规律可循，但是对大量的家庭新生儿进行观察就会发现，新生儿中的男孩略多于女孩，这个比例为107∶100，这是由人类自然发展的内在规律决定的。

3. 具体性

统计研究对象的数量是具体的量，不是抽象的量，这是统计和数学的重要区别。具体性是指社会经济统计所研究的量，是社会经济现象在具体的时间、地点、条件下所表现出来的客观的数量。例如各地的统计年鉴里对每年人口的流动、人口变化、出生率、死亡率等都是用数据来描述的，显然这些都不是抽象的量，而是对具体的时间、范围内具体对象的具体特征的统计结果。

（二）统计的作用

1. 统计是认识世界的有力武器

（1）人们通过统计研究事物的量及其变化，去认识事物的质和事物发展的规律。任何事物都是质与量的对立统一，任何量都依存于一定的质，离开质就无所谓量，也无从核算量。在社会经济和自然现象中，不与某种质相联系的量是毫无意义的，事实上也是不存在的。所以，人们通过统计研究事物的量及其变化去认识事物的质和事物发展的规律，或者密切联系事物的质去研究事物的量。

（2）统计的基本的特点是以数字为语言，用数字说话，即用数字反映事物在具体时间、地点条件下的数量表现、数量关系和数量变化，用数字反映事物的规模、水平、速度、结构和比例关系。

客观事物是质和量的对立与统一，而统计最基本的特点又是用数字说话，这使得统计有可能通过研究事物的量去认识事物的质，掌握事物发展的规律，预测事物发展的前景，指导人们正确地进行各种实践活动，以获得最佳的社会经济效益。所以，统计是人们认识世界的有力武器。

2. 统计是治国和管理的重要手段

人们认识世界的目的在于能动地改造世界。统计既然是人们认识世界的有力武器，必然会成为人们治国、管理、改革社会的重要手段。从历史的角度看，实际上统计也是随着人类社会经济活动的发展，以及治国和管理的需要而产生和发展起来的。现在大至国际政治经济形势的分析、国家的管理，小至企业的业务经营和班组核算，统计无处不在。

三、统计的基本任务

《中华人民共和国统计法》第一章第二条规定："统计的基本任务是对经济社会发展情况进行统计调查、统计分析，提供统计资料和统计咨询意见，实行统计监督。"这可概括为两个方面：通过统计调查和统计分析，提供统计资料，为各级领导施政和管理服务；同时运用这些资料，对经济社会发展情况实行统计监督，及时揭露各种矛盾，以便采取措施解决这些矛盾，促进经营管理的改善，保证社会经济稳定协调发展。简单来说，统计的基本任务就是统计服务和统计监督。

第三节 统计学的研究对象、研究方法和研究阶段

一、统计学的研究对象

统计学的研究对象是指统计研究所要认识的客体，它决定着统计学的研究领域以及相应的研究方法。一般来说，统计学的研究对象是客观事物的总体数量特征和数量关系，目的是反映其发展过程及规律性。

任何一个部门的统计工作都是以与它相关的客观事物的数量作为研究对象，通过调查、整理、分析，以数字为语言，用规模、水平、速度、结构和比例去反映一定时间、地点条件下客观事物的数量表现、数量关系和数量变化，以认识事物的性质、掌握事物运动的规律，进而发挥统计的整体功能。

二、统计学的研究方法

不同学科有自己特定的研究对象和目的，因此产生了与之相适应的特殊方法，这些方法相互联系、相互影响，构成了统计认识的方法体系。统计学的基本研究方法有大量观察法、统计分组法、统计指标法、统计模型法、统计推断法等。

（一）大量观察法

大量观察法是指统计研究客观现象和过程的规律，从总体上加以考察，对总体中的全部或足够多的单位进行调查并进行综合分析的方法。大量观察法的理论依据是大数定理。个别事物的表现往往具有随机性，要反映总体的本质和规律，不能用个别事物、个别单位的特征和数量表现来说明，只能对总体中全部或足以表现现象总体特征的部分单位进行调查、观察，通过综合平均，使个别事物的偶然因素的影响互相抵消，从而呈现出事物的本质特征，进而认识其规律性。

例如，仅抛一枚硬币，可能出现正面，也可能出现反面；如果抛硬币 24 000 次（参见皮尔逊检验），出现正面的频率将稳定在 0. 50。

（二）统计分组法

统计分组法是指根据统计研究目的和研究对象的特点，将总体各单位按照某一标志划分为不同性质的类型或组别的研究方法。通过分组，可以将总体中性质

相同的单位归并在一起，保持组内各单位的同质性；将性质不同的单位分开，显示组与组之间的差异性，从而研究总体中不同类型现象的性质以及它们的分布情况。

（三）统计指标法

统计指标法是指运用统计指标来描述和研究总体的数量状况，以得到事物数量特征的本质或规律性的认识方法，包括总量指标法、相对指标法、平均指标法、动态指标法、统计指数法等。统计指标法与统计分组法两者相互联系并贯穿于整个统计工作，通过统计分组形成统计指标，反映总体内部的数量差异和数量关系，以及总体之间的联系和区别。

例如，研究某地某年工业企业的生产经营状况，可以先将工业企业按所有制分组，然后运用统计指标法对各组工业企业人均产值、人均利润额、资金利用率等多个指标进行对比分析，在现象的相互联系中认识这些被研究事物的数量特征。

（四）统计模型法

统计模型法是指根据一定的经济理论和假设条件，用数学方法去模拟现实客观现象之间相互关系的一种研究方法。利用这种方法，可以在对客观现象和过程中存在的关系在定性分析的基础上，定量地进行比较完整的近似描述，凸显所研究指标之间的数量关系。

例如，回归分析法通过模拟变量之间的数量关系所建立的回归方程就是统计数学模型。

（五）统计推断法

统计推断法是指以一定的置信度为标准要求，根据随机抽取的样本数据来判断总体数量特征的归纳推理方法，具体方法有参数估计法、假设检验法等。

例如，要说明一批灯泡的平均使用寿命，就从该批灯泡中随机抽取一部分进行质量检验，以推断该批灯泡平均使用寿命的区间。

三、统计学的研究阶段

统计研究是通过统计设计、统计调查、统计整理以及统计分析等几个阶段来完成的，每个阶段虽然有其各自的独立性，但它们又是相辅相成的统一过程。

（一）统计设计

统计设计是指在正式进行具体统计工作之前，根据统计研究对象的性质和研究目的，对统计工作各个方面和环节进行的通盘规划和安排，表现为设计各种统计方案。例如，统计调查方案、统计资料汇总或整理方案、统计分析提纲，以及统计指标体系设计等。统计设计是统计工作的第一阶段，是整个统计工作协调、有序、顺利进行的必要条件，是保证统计工作质量的重要前提。

（二）统计调查

统计调查又称统计数据的采集，是根据统计研究的任务和统计设计规定的调查方案的要求，运用科学的调查方法，有组织、有计划地采集统计资料的过程。统计调查是认识事物的起点，这个阶段所采集的资料是否完整、准确、及时，直接影响到统计整理的好坏，影响到统计分析的结果是否正确，决定着统计工作质量的高低，因此，统计调查是整个统计工作的基础。

（三）统计整理

统计整理是指根据统计研究的目的，将统计调查所得的资料进行科学的分组、汇总、列表的加工处理过程。统计整理使分散的、不系统的原始资料条理化、系统化，从而说明现象的总体特征，为统计分析奠定基础。统计整理属于统计工作的中间环节，起着承前启后的作用。

（四）统计分析

统计分析是根据统计研究的目的，综合运用各种分析方法和统计指标，对加工整理后的资料和具体情况进行定性和定量的分析，并对未来进行趋势预测。统计分析是统计工作的最后阶段，能揭示现象本质和得到发展变化结论的规律，是统计工作获取成果的阶段。

习　题　一

一、判断题

1. 定性与定量相结合的系统工程方法是数学家陈景润提出的。　　（　　）

2. 比利时统计学家阿道夫·凯特勒是社会统计学派的代表人物。（　　）

二、单选题

1. 统计的含义有三种，其中的基础是（　　）

A. 统计学　　B. 统计方法　　C. 统计工作　　D. 统计资料

2. 下列哪一年被许多国外媒体和专家称为“大数据元年”？（　　）

A. 2012　　B. 2013　　C. 2014　　D. 2015

3. “统计”一词的基本含义是（　　）

A. 统计调查、统计整理、统计分析　　B. 统计设计、统计分组、统计计算

C. 统计方法、统计分析、统计预测　　D. 统计科学、统计工作、统计资料

4. 最早提出“大数据”时代的是哪家公司？（　　）

A. IBM　　B. 谷歌　　C. 麦肯锡　　D. 微软

5. 就一次统计活动来讲，一个完整的过程包括的阶段有（　　）

A. 统计设计、统计调查、统计审核、统计分析

B. 统计设计、统计调查、统计整理、统计分析

C. 统计调查、统计整理、统计分析、统计决策

D. 统计调查、统计整理、统计分析、统计预测

三、简答题

1. 统计有哪些特点？

2. 统计在生活中有何作用？为什么说统计是认识世界的有力武器？

3. 统计的基本任务是什么？

4. 统计学的研究阶段有哪些？

5. 统计学研究的基本方法有哪些？

四、应用能力题

2020 年年初的新型冠状病毒肺炎疫情，给人们带来了很多启示，请同学们思考，从统计的角度出发，哪些数据的收集整理有难度？哪些数据的收集对控制疫情是有效的？你会收集哪些数据去进行整理分析，会如何开启你的统计工作呢？

第二章
统计数据的搜集

开篇案例：盖洛普的传奇一生

乔治·盖洛普（George Gallup），美国数学家，抽样调查方法的创始人、民意调查的组织者。

盖洛普的传奇跟民意调查是分不开的，或者说，正是民意调查成就了他富有传奇色彩的一生。盖洛普对民意调查的兴趣始于20世纪20年代，他在读书期间就通过杂志和报纸调查读者对不同问题的兴趣，最终形成了他的博士论文《确定读者对报纸内容兴趣的客观方法》。1930年，盖洛普发表了一篇重要的文章——《用科学方法而不是猜测来确定读者的兴趣》。1932年，盖洛普的岳母作为民主党的候选人在艾奥瓦州竞选州务卿。在此之前，艾奥瓦州较高的公职一直都由共和党人担任，因而人们大都猜测他的岳母会落选。但盖洛普没有凭猜测，而是运用他创立的方法进行科学的民意调查，结果发现艾奥瓦州选民对他的岳母的支持率超过对共和党对手的支持率。盖洛普于是预测说，他的岳母会获得选举的胜利，结果证明了盖洛普应用科学的调查得出的预测是准确的。这次民意调查成为政治史上第一次科学的民意调查。受这次调查成功的激励，盖洛普在1935年成立了盖洛普民意调查研究所，这是世界上第一个客观和科学的民意测验机构。1936年，研究所由于正确地预测罗斯福总统将再次当选而异军突起。在后来的60年，它从一个小小的学会办公室成长为一个国际性的盖洛普组织。1948年，盖洛普成为艾奥瓦大学新闻业和大众传播名人堂的第一人。他在1964年荣获广告金像奖，在1965年又获得美国市场调研的帕林奖，1977年被引进广告名人堂。

发展到今天，盖洛普公司已经成为世界性的盖洛普组织。盖洛普民意测验已在全球建立了40多个分公司，调查网覆盖世界55%的人口和3/4的经济活动，在全球拥有覆盖151个城市的调查网及3 000余名兼职访问员。1993年，盖洛普（中国）咨询公司成为中国批准成立的第一家美资咨询机构。盖洛普公司在长达60年的时间里，用科学方法测量和分析选民、消费者和员工的意见、态度和行为，并据此为客户提供营销和管理咨询，取得了卓越的学术和商业成果，处于全球领先地位。民意调查成就了盖洛普的一生，也为我们留下了宝贵的经验。

本章概述

搜集统计数据是进行统计整理和分析的基础，整理统计数据是数据搜集与数据分析之间的必要环节，统计数据的分析是统计学的核心内容。本章将学习如何搜集统计数据、制订统计数据的调查方案。

学习目标

知识目标：

1. 了解统计数据的来源；
2. 了解数据的搜集方法；
3. 掌握普查、抽样调查的作用及特点；
4. 掌握各种概率抽样与非概率抽样。

能力目标：

1. 能够根据调查目的设计合理的调查方案；
2. 能够根据调查目的设计合理的调查问卷。

第一节　统计数据的来源与类型

学好统计学要从数据入手，数据根据来源可分为两种，即一手数据和二手数据。

一、一手数据

（一）一手数据的定义

一手数据也称为原始数据，是指通过访谈、询问、问卷、测定等方式直接获得的数据。通过搜集一手数据可以解决待定问题。大多数二手数据无法满足研究项目的要求，研究人员不得不专门搜集一手数据。

一手数据的优点在于：可以回答二手数据不能回答的具体问题；更加及时和可信；一手数据是公司自己搜集的，是属于公司的，是具有版权的数据，所以便于保密。但在搜集数据的过程中，人力、物力、财力及时间消耗较大，需要缜密的组织统筹才能获得相应的数据。

（二）一手数据的采集方式

采集一手数据的方式有观察法、实验法和调查法等。

1. 观察法

观察法是指在自然或真实的生活条件下，通过感官或者辅助工具来记录自然产生的数据。随着电子技术的发展，观察法获得数据的效率得到了极大的提升，通过手机、摄像头、传感器等辅助工具来实时记录数据已经越来越普遍。当前，在交通、医疗、安全等方面，观察法都得到了广泛的使用。

2. 实验法

实验法是指在人为干预的情况下使某种事件或现象发生，从而获得相关数据。比如在药物实验中，可以对比服用药物和服用安慰剂时身体的不同反应；在汽油研发试验中，对比新旧配方的汽油对行驶里程的影响等。

3. 调查法

调查法是取得社会经济数据的重要手段，分为全面调查和非全面调查两类，具体内容将在本章第三节进行介绍。

二、二手数据

（一）二手数据的定义

二手数据是相对于原始数据而言的，指那些并非为正在进行的研究而是为其他目的已经搜集好的统计资料，这些数据通常可以快速、低成本地获得。与原始数据相比，二手数据在搜集目的、搜集程序、搜集成本和搜集时间等方面都存在很大的区别。原始数据与二手数据的区别如表 2－1 所示。

表 2－1　原始数据与二手数据的区别

项目	一手数据	二手数据
搜集目的	为了当前的问题	为了其他问题
搜集程序	复杂费事	简单容易
搜集成本	较高	相对较低
搜集时间	较长	相对较短

（二）二手数据的特点

二手数据具有省钱、省时、省力的优点，但缺点也十分明显。

1. 相关性差

二手数据不是专门为研究者需要解决的问题而搜集的，它是为其他目的而搜集的，这就会不可避免地造成二手数据与项目要求的数据在很多方面不一致。

（1）测量单位与研究者所要求的测量单位不一致。例如，收入信息分为总收入、税后收入、家庭收入、人均收入等，测量单位需要的是家庭收入，而二手数据可能只能提供人均收入等。

（2）二手数据的分类定义可能对研究者来说无用。例如，某豪华轿车公司特别关注年收入在20万元以上的家庭百分比，但所搜集到的二手数据却只能提供年收入在10万元以上的家庭百分比，此时该公司就不能使用这种分类方法的数据资料。

2. 时效性差

二手数据是在当前研究项目之前已经存在的数据，因此反映的市场、消费者以及环境等信息可能与当前情况存在差距。

3. 可靠性低

二手数据存在不真实的情况，统计数据存在一定程度的误差，甚至不排除部分数据有很大的水分。

（三）二手数据的分类

二手数据可分为内部二手数据和外部二手数据。

1. 内部二手数据

内部数据是指来自正在进行市场研究的企业或组织内部的数据。当数据是为其他目的搜集的，就是内部二手数据，包括会计账目、销售记录和其他各类报告等。内部数据有两个最突出的优点：可获得性、低成本性。对于内部二手数据，需要判断数据是可以直接使用，还是需要整理后才可使用。

2. 外部二手数据

外部二手数据来源广泛，包含公开出版的数据、辛迪加数据及计算机数据库。

（1）公开出版的数据。

公开出版的数据是指那些可从图书馆或政府部门及其他实体获得的公开出版

的数据，习惯上分为政府数据和普通商业数据。

政府数据包含普查数据和其他正版出版物数据，比如国家统计局的人口普查数据，此外，还有经济普查、农业普查、工业普查和第三产业（服务业）普查数据等。政府数据除了普查数据外，还包括发布或出版的大量的统计数据及一些定期出版的出版物中的数据，比如《中国统计年鉴》《中国发展报告》《中国科技统计年鉴》《中国高技术产业统计年鉴》等。

除了政府提供的大量的二手数据外，普遍存在的商业数据也非常丰富，形式上有书籍、报纸、杂志、专题报告和行业数据等大量公开出版的数据。也有帮助研究者搜索有关数据的工具出版物，比如指南、目录、索引等。

（2）辛迪加数据。

辛迪加数据是具有高度专业化、从一般数据库中获得的外部数据。信息供应商把信息卖给多个信息需要者，使每一个需要者获得信息的成本更为合理。

辛迪加数据的一个优点就是可以分摊信息的成本；另一个优点就是信息需要者可以非常快地获得所需的信息，原因在于信息供应商总在不间断地获取有关信息。辛迪加数据主要应用于：测量消费者态度以及进行民意调查；确定不同的细分市场；进行长期的市场跟踪。

（3）计算机数据库。

数据库是按照数据结构来组织、存储和管理数据的仓库，是一个长期存储在计算机内的有组织、可共享、统一管理的大数据的集合。数据库的主体是计算机化的，因为数据库包含大量的信息，只有通过计算机进行编辑、分类和分析才可以较为容易地运用。按照在数据库中的数据记录的性质进行分类，可以将数据库分为四类：文献目录、数字、名录和全文。

三、统计调查数据搜集的类型

搜集资料是进行市场研究的基础和核心工作，二手数据的搜集是工作的第一步。大数据时代的到来、计算机和网络的发展为二手数据及其搜集提供了契机，但要在搜集数据的过程中需要做到：搜集正确的数据。

（一）按照调查对象的范围进行分类

按照调查对象的范围分为全面调查和非全面调查。

全面调查是对调查对象的所有单位进行逐一的、无一遗漏的调查，包括全面统计报表和普查。全面调查能够掌握比较全面、完整的统计资料，了解总体单位的全貌，但花费较多的财力、物力和人力。

非全面调查是对调查对象的部分单位进行调查，包括抽样调查、重点调查和典型调查。

（二）按照调查时间是否连续进行分类

按照调查时间是否连续分为经常性调查与一次性调查。

经常性调查是连续性调查，对研究对象的变化进行连续不断的登记，主要目的是获得事物全部发展过程及结果的统计资料，如工业企业总产值、产品产量、原材料消耗量等。

一次性调查是不连续登记的调查，一次调查后间隔一段时间再对研究对象进行登记。例如，人口数、机器设备数等在短期内变化不大，就不需要连续调查。

（三）按照调查组织方式进行分类

按照调查组织方式分为统计报表制度和专门调查。

统计报表制度是按照国家统一规定的调查要求与文件自上而下地提供统计资料的一种报表制度。它是为了定期取得系统、全面的统计资料而采用的一种收集资料的方式，目的在于掌握经常变动的、对国民经济有重大意义的指标。

专门调查是为研究某种情况或问题专门组织的统计调查，包括普查、抽样调查和典型调查等。

（四）按照收集资料的方法进行分类

按照收集资料的方法分为直接观察法、报告法、采访法及被调查者自填法。

直接观察法是对调查对象进行直接点数与计量，如商品库存盘点。

报告法是报告单位以原始记录和核算资料为基础向有关单位提供数据。

采访法又分为询问法与通信法。询问法是用询问的方法搜集市场信息资料的一种方法，是调查和分析消费者购买行为和意向最常用的方法。通信法是用通信的方法搜集市场信息资料的方法，比如通过邮件进行信息搜集。

被调查者自填法是把调查表发给被调查者，由被调查者根据实际情况填写资料，填好之后由调查人员审核并收回。

四、数据的类型

数据具有多种类型和形态，通常按照以下几种方式进行分类。

（一）按性质进行分类

按性质进行分类，分为定位数据、定性数据、定量数据、定时数据。

（1）定位数据，各种坐标数据。

（2）定性数据，表示事物属性的数据，如居民地、河流、道路等。

（3）定量数据是指反映事物数量特征的数据，如长度、面积、体积等几何量或重量、速度等物理量。

（4）定时数据是指反映事物时间特性的数据，如年、月、日、时、分、秒等。

（二）按表现形式进行分类

按表现形式进行分类，分为数字数据、模拟数据。

（1）数字数据，表示各种统计或量测数据。数字数据在某个区间内是离散的值。

（2）模拟数据由连续函数组成，是指在某个区间连续变化的物理量，又可以分为图形数据（如点、线、面）、符号数据、文字数据和图像数据等，如声音的大小和温度的高低等。

（三）按记录方式进行分类

数据记录方式包括地图、表格、影像、磁带、纸带等。数据按数字化方式分为矢量数据、格网数据等。在地理信息系统中，数据的选择、类型、数量、采集方法、详细程度、可信度等，取决于系统应用目标、功能、结构和数据处理、管理与分析的要求。

（四）按时间状况进行分类

按时间状况进行分类，分为时间序列数据、截面型数据。

（1）时间序列数据，指在不同的时间上搜集到的数据，反映现象随时间变化的情况。

（2）截面型数据，指在相同的或近似的时间点上搜集到的数据，描述现象在某一时刻的变化情况。

第二节 统计调查的方案与问卷设计

一、统计调查的方案设计

数据搜集的主要形式是统计调查，它是一项复杂的工作。要做好统计调查，必须按照统计研究的目的，运用科学的方法，有组织、有计划地进行。为使统计调查顺利进行，在组织调查之前，必须首先设计一个周密、可行的调查方案。统计调查方案的设计包括以下步骤。

（一）明确调查目的

明确调查目的就是要明确统计调查要解决什么问题、为什么要进行统计调查。只有明确了调查目的，才能有的放矢，才能根据调查目的收集与之相关的资料。

（二）确定调查对象和调查单位

调查对象和调查单位是根据调查目的确定的。所谓调查对象，是指需要研究调查的由许多性质相同的调查单位所组成的现象总体。所谓调查单位，是指需要研究调查的个体，即所要调查的具体单位，它是进行调查登记的标志承担者。例如，调查目的是获取国有企业改制状况，那么，所有国有企业就是调查对象，而具体的每一个国有企业就是调查单位。

确定调查对象必须明确总体界限，划清调查范围，区别应调查和不应调查的对象。例如调查城镇居民家庭工资收入状况，首先要区分城镇居民家庭与农村居民家庭，其次要区分工资收入与其他收入。

调查单位是构成调查对象的个体，是实施调查的着手点。在实际工作中，调查单位与报告单位密切相关，调查单位是调查的承担者，而报告单位是负责上报调查资料的单位。两者有时一致，有时不一致。例如，调查城镇居民家庭工资收入状况时，每一个城镇居民家庭是调查单位，也是报告单位；调查国有企业机械设备状况时，国有企业的每台机械设备是调查单位，而拥有这些机械设备的企业是报告单位。

（三）确定调查项目

调查项目就是调查中所要登记的调查单位的特征，即调查单位的标志，由一系列品质标志和数量标志构成。调查项目所要解决的问题是向被调查单位调查什么，即需要被调查单位回答什么问题。

（四）调查表与问卷设计

调查表是把若干调查项目按照一定顺序排列的表格。调查表一般有两种，一种是一览表，一种是单一表。一览表在调查项目不多时采用，将许多调查单位填写在一张表上。单一表一般用于项目较多的调查，该表可容纳较多的标志，每个调查单位填写一份。利用调查表能够有条理地收集到所需要的资料，便于资料汇总整理。

问卷调查是一种特殊的调查形式，是根据调查目的，在调查对象中随机选择或有意识地确定调查单位。问卷是以书面文字或表格的形式了解被调查者的意见，被调查者可自愿、自由地回答问卷中所提出的问题。

在设计调查表和问卷时，应尽可能简明扼要，便于被调查者回答，以保证所收集资料的准确性。

（五）确定调查时间和调查期限

调查时间是指调查资料所属的时间。在统计调查中，有的资料反映的现象是在某一时点的状态，这时必须规定统一的时点；有的资料反映的现象是在某一时期内发展过程的结果，则必须明确所要收集的资料所属时期的起止时间。

（六）制订调查的组织实施计划

制订严密细致的实施计划，是统计调查顺利进行的必要保证。调查工作的组织计划包括：建立调查机构；组织与培训调查人员；确定调查步骤；明确调查方式、方法及调查地点；落实调查经费与经费使用计划；确定调查资料的报送方法和公布调查结果的时间等。

调查目的、调查对象、调查项目与调查单位、报告单位间的关系如图 2－1 所示。

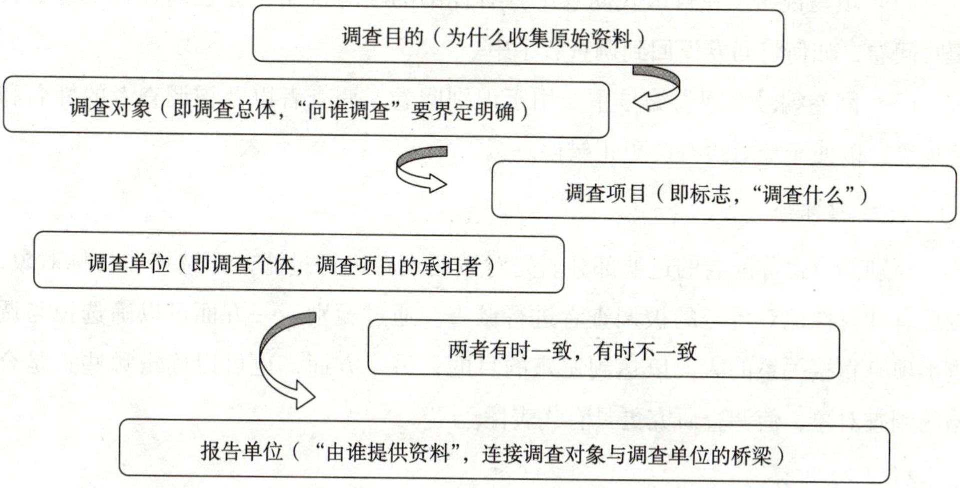

图2－1　调查目的、调查对象、调查项目与调查单位、报告单位间的关系

二、统计调查的问卷设计

问卷调查是调查业中广泛采用的调查方式，是由调查机构根据调查目的设计各类调查问卷，通过调查员对样本的访问完成事先设计的调查项目，然后由统计分析得出调查结果的一种方式。问卷调查是由一系列问题、备选答案、说明以及代码组成的一种调查方式，它是用来搜集数据、获取信息的一种工具。目前，这种方法已经应用于各个领域，并被纳入统计制度范畴。

问卷设计严格遵循的是概率与统计原理，因而具有较强的科学性，同时也便于操作。对调查结果的影响因素中，除了样本选择、调查员素质、统计手段等因素外，问卷设计水平是一个前提性条件。调查问卷的质量直接影响到统计数据的质量和分析结论，一份设计优良的调查问卷应该能有效地搜集数据、获取信息，尽可能减少误差和矛盾，并能减少搜集和处理数据所花费的费用和时间。

（一）调查问卷的构成

调查问卷一般是由开头部分、甄别部分、主体部分和背景部分四个部分组成。

1. 开头部分

开头部分主要包括问候语、填表说明、问卷编号等内容。不同的问卷所包括的开头部分会有一定的差别。

（1）问候语。问候语也叫问卷说明，作用是引起被调查者的兴趣和重视，消除调查对象的顾虑，激发调查对象的参与意识，以争取他们的积极合作。

（2）填写说明。在自填式问卷中要有详细的填写说明，让被调查者知道如何填写问卷，如何将问卷返回到调查者手中。

（3）问卷编号。问卷编号主要用于识别问卷、调查者以及被调查者的姓名和地址等，以便于校对检查、更正错误。

2. 甄别部分

甄别部分也称问卷的过滤部分。先对被调查者进行过滤，筛选掉非目标对象，然后有针对性地对特定的被调查者进行调查。通过甄别，一方面可以筛选掉与调查事项有直接关系的人，以达到避嫌的目的；另一方面，也可以确定哪些人是合格的调查对象，使调查研究更具有代表性。

3. 主体部分

主体部分也是问卷的核心部分，它包括了所要调查的全部问题，主要由问题和答案组成。主体部分设计时需要注意以下几点。

（1）问卷设计的过程其实就是将研究内容逐步具体化的过程。根据研究内容先确定好树干，然后再根据需要，为每个树干设计分支，每个问题是树叶，最终构成一棵树。在整个“问卷树”的设计之前，应该有大概的构想。

（2）主体问卷的分块设置。在一个综合性的问卷中，通常将差异较大的问卷分块设置，从而保证每个问题相对独立，整个问卷的条理更加清晰，整体感更加突出。

（3）主体问卷设计应简明，内容不宜过多、过繁，应根据需要确定，避免可有可无的问题。

（4）问卷设计要具有逻辑性和系统性，一方面，避免信息的遗漏；另一方面，调查对象也会感到问题集中、提问有章法。相反，假如问题是发散的、随意性的，问卷就会给人混乱的感觉。

（5）问卷题目设计必须有针对性。明确被调查人群，问卷题目应适合被调查者身份，必须充分考虑受访人群的文化水平、年龄层次等。措辞上也应该进行相应的调整，比如面对家庭主妇的调查，在语言上就必须尽量通俗，而对于文化水平较高的城市白领，在题目和语言的选择上就可以提高一定的层次。只有在这样的细节上综合考虑，调查才能够达到预期的效果。

4. 背景部分

背景部分通常放在问卷的最后，主要是有关被调查者的一些背景资料，调查单位要对其保密。该部分所包括的各项内容可作为对被调查者进行分类比较的依据，一般包括性别、民族、婚姻状况、收入、受教育程度小学、初中、高中、职高、中专、大专、本科或者本科以上、职业政府机构/公共事业单位（医院、学校、警察）、外资/合资企业、学生、离退休人员等。

（二）调查问卷的问题设计

问卷的设计是市场调查的重要一环。要得到有益的信息，需要提出确切的问题。最好通过提问来确定一个问题的价值，避免把时间浪费在无用或不恰当的问题上。要设计一份完美的问卷，不能闭门造车，而应事先做一些访问，拟订一个初稿，经过实验性调查后，再修改成正式问卷。

1. 提问方式

调查问卷提问的方式可以分为以下两种。

（1）开放式提问。

开放式提问就是调查者不提供任何可供选择的答案，由被调查者自由答题，可分为填空式和回答式。这类问题能自然地充分反映调查对象的观点、态度，因而所获得的材料比较丰富、生动，但统计和处理所获得的信息的难度较大，不利于统计分析，因此在调查问卷中不宜过多。

（2）封闭式提问。

封闭式提问的后面同时提供调查者设计的几种不同的答案，这些答案既可能相互排斥，也可能彼此共存，让调查对象根据自己的实际情况在答案中选择。这类问题快速有效，便于统计分析。但提供选择答案本身就限制了问题回答的范围和方式，所以这类问卷所获得的信息的价值在很大程度上取决于问卷设计的科学性、全面性。

封闭式提问又可分为以下三种。

①是否式：把问题的可能性答案列出两种互相矛盾的情况，请被调查者从中选择其一，如“是”或“否”、“同意”或“不同意”。

②选择式：每个问题后列出多个答案，请被调查者从答案中选择自己认为最合适的一个或几个答案并作上记号。

③评判式：后面列有许多个答案，请被调查者依据其重要性评判等级，又称为排列式，用数字表示排列的顺序。

2. 设计原则

问卷设计的质量在很大程度上又与设计原则有关。主要的设计原则有以下六点。

（1）合理性。

合理性指的是问卷必须与调查主题相关。违背了这一点，再漂亮或精美的问卷都是无益的。而所谓问卷体现调查主题，实质上是在问卷设计之初要找出与调查主题相关的要素。

（2）一般性。

一般性，即问题的设置要具有普遍意义，这是问卷设计的一个基本要求。如果在问卷中出现常识性的错误，不仅不利于调查成果的整理分析，而且会使调查委托方轻视调查者的水平。

（3）逻辑性。

问卷的设计要有整体感，这种整体感是指问题与问题之间要具有逻辑性，独立的问题本身也不能出现逻辑上的错误。问题设置紧密相关，能够获得比较完整的信息，调查对象也会感到问题集中、提问有章法。逻辑性的要求是与问卷的条理性、程序性分不开的。在一个综合性的问卷中，调查者将差异较大的问卷分板块设置，从而保证每个板块的问题都密切相关。

（4）明确性。

所谓明确性，事实上是问题设置的规范性。这一原则具体是指：命题要准确，提问要清晰明确、便于回答，被访者能够对问题做出明确的回答等。

（5）非诱导性。

非诱导性指的是问题要设置在中性位置，不参与提示或主观臆断，完全将被访问者的独立性与客观性摆在问卷操作的限制条件的位置上。如果设置了具有诱导性和提示性的问题，就会在不自觉中掩盖事物的真实性。

（6）便于整理、分析。

成功的问卷设计除了要考虑到紧密结合调查主题与方便信息收集外，还要考虑到调查结果的易得性和调查结果的说服力。首先，调查指标要能够累加或便于累加；其次，指标的累计与相对数的计算是有意义的；最后，能够通过数据清楚明了地说明所要调查的问题。只有这样，调查工作才能收到预期的效果。

第三节　统计调查的组织形式

统计调查的组织形式通常按照调查对象的范围来划分，分为全面调查和非全面调查。全面调查分为统计报表和普查；非全面调查的典型代表有抽样调查、重点调查和典型调查。

一、统计报表

统计报表制度是指依照国家统计局或各行业行政管理部门的规定，自上而下地统一布置，以一定的原始记录为依据，按照统一的表式、统一的指标项目、统一的报送时间与报送程序，自下而上地逐级定期提供基本统计资料的一种调查方式。

二、普查

普查是对调查对象的全部调查单位逐一进行调查，其特点是一次性调查，是专门组织的全面调查，主要用来调查一定时间点上的现象总量。普查是全面、系统地掌握国情、国力等重要统计数据的主要方法之一。由于普查涉及面广、耗费人财物多、组织工作繁重，因此只能按一定的周期进行。普查的具体方式主要是通过专门组织的普查机构自上而下地对被调查单位直接进行登记。

各个国家对普查都给予了充分的重视，甚至把普查看作仅次于战争的运动。西方国家几乎没有统计报表制度，全国资料依靠普查获得。美国有专门的普查局负责各类普查，并有专门网页提供相关信息与资料。

三、抽样调查

（一）抽样调查的定义

抽样调查是一种非全面调查，是从全部调查研究对象中抽选一部分单位进行调查，并据以对全部调查研究对象做出估计和推断的一种调查方法。抽样调查虽然是非全面调查，但它的目的却在于取得反映总体情况的信息资料，因而也可起到全面调查的作用。抽样调查示意如图 2-2 所示。

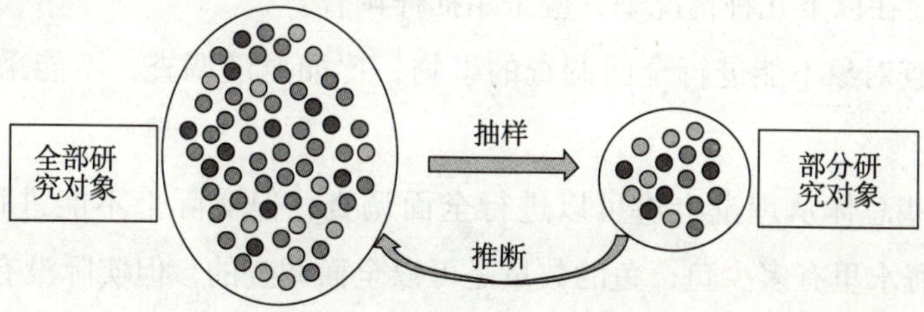

图 2-2 抽样调查示意

根据抽选样本的方法，抽样调查可以分为概率抽样和非概率抽样两类。概率抽样是按照概率论和数理统计的原理，从调查研究的总体中根据随机原则来抽选样本，并从数量上对总体的某些特征做出估计和推断，对推断出的可能出现的误差可以从概率意义上加以控制。习惯上将概率抽样称为抽样调查。

（二）抽样调查的特点

抽样调查是从研究对象的总体中抽取一部分个体作为样本进行调查，据此推断总体的数字特征，具有经济性好、实效性强、适应面广、准确性低的优势。

抽样调查是根据部分实际调查结果来推断总体标志总量的一种统计调查方法，属于非全面调查的范畴。

抽样调查数据之所以能用来推算和代表总体特征，主要是因为抽样调查本身具有其他非全面调查所不具备的特点，主要有以下几点。

（1）调查样本是按随机原则抽取的，在总体中，每一个单位被抽取的机会是均等的。因此，能够保证被抽中的单位在总体中的均匀分布，不致出现倾向性误差，代表性强。

（2）抽样调查是以抽取的全部样本单位作为一个“代表团”来代表总体，而不是用随意挑选的个别单位代表总体。

（3）抽样调查所抽选的调查样本数量是根据调查误差的要求，经过科学的计算确定的，在调查样本的数量上有可靠的保证。

（4）抽样调查的误差在调查前就可以根据调查样本数量和总体中各单位之间的差异程度进行计算，并控制在允许范围以内，调查结果的准确程度较高。

基于以上特点，抽样调查被公认为是非全面调查方法中能够用来推算和代表总体特征的最完善、最有科学根据的调查方法。

（三）抽样调查的适用范围

虽然全面调查能够全面反映事物，但有时全面调查不能进行，此时抽样调查就尤为重要。在以下几种情况下，应采用抽样调查。

（1）调查对象不能进行全面调查的事物，比如血液调查，不能采集全身血液进行调查。

（2）有些总体从理论上讲可以进行全面调查，但实际上不能进行全面调查，比如要调查海水里有多少鱼，鱼的数量是可以全面调查的，但实际没有办法操作。

（3）工业生产过程中的质量控制也适合用抽样调查的方法进行。

（四）抽样调查中的常用名词

区分总体、个体及样本是进行抽样调查的前提条件，了解标志、指标是进行统计分析的必要条件。下面介绍在统计调查中常用的一些基本名词。

1. 总体

总体是指所要研究对象的全体，它是根据一定研究目的而规定的所要调查对象的全体所组成的集合。组成总体的各研究对象称为总体单位。

2. 个体

个体是指总体中的每一个考察对象。

3. 样本

样本是总体的一部分，它是由从总体中按一定程序抽选出来的那部分总体单位所组成的集合。

总体、个体、样本的关系如图 2－3 所示。

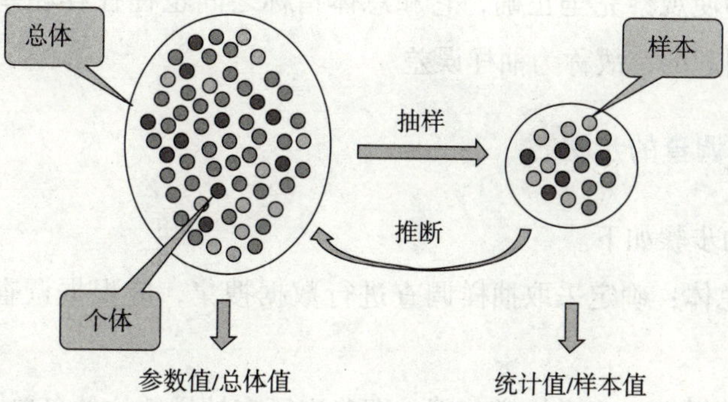

图 2－3 总体、个体、样本的关系

4. 样本的容量

样本中个体的数量叫样本的容量。

5. 抽样框

抽样框是指用来代表总体并从中抽选样本的一个框架，具体表现形式主要有包括总体全部单位的名册、地图等。

抽样框在抽样调查中处于基础地位，是抽样调查必不可少的部分，对于推断总体具有相当大的作用。

对于抽样调查来说，样本的代表性和抽样调查最终推算的估计值的真实性首先取决于抽样框的质量。

6. 标志

总体中各单位具有的共同属性或特征称为标志。每个单位都具有共同表现出来的属性或特征，比如每人都具有性别、年龄、家庭住址、政治面貌等标志。

7. 指标

统计指标又称为综合指标，是根据统计研究的目的确定所要研究的统计总体和总体单位，然后对总体各单位数量标志的具体表现进行登记、汇总，最后形成说明总体特征的各种数据资料。

8. 抽样比

抽样比是指所抽取的样本单位数与总体单位数之比。

9. 抽样误差

在抽样调查中，通常以样本做出估计值，并以此对总体的某个特征进行估计，当二者不一致时，就会产生误差。因为由样本做出的估计值是随着抽选样本的不同而变化的，即使观察完全正确，它和总体指标之间也往往存在差异，这种差异纯粹是由抽样引起的，故称为抽样误差。

（五）抽样调查的步骤

抽样调查的步骤如下。

（1）界定总体：确定采取抽样调查进行数据搜集，应根据调查目的，确定总体范围。

（2）确定抽样框：确定抽样范围，即确定所有抽样单位的名单。

（3）决定抽样方案：确定抽样方法、抽样规模、主要目标量的精确程度等。

（4）实际抽取样本：根据抽样方案进行抽样具体操作。

（5）评估样本质量：对样本的质量、代表性、偏差进行初步检验和衡量。

（六）非概率抽样

非概率抽样，又称为不等概率抽样或非随机抽样，是调研者为了自己方便或根据主观判断抽取样本的方法，主要有偶遇抽样、主观抽样、滚雪球抽样、配额抽样等类型。

1. 偶遇抽样

偶遇抽样也称就近抽样、方便抽样或自然抽样，是指研究者根据现实情况，以自己方便的形式抽取偶然遇到的个体作为调查对象，或者仅仅选择那些离得最近的、最容易找到的个体作为调查对象。其优点是方便省力；缺点是样本的代表性差，有很大的偶然性。

2. 主观抽样

主观抽样也称目标式抽样、判断式抽样或立意抽样，是调查者根据自己的主观分析来选择和确定调查对象的方法。主观抽样取得的样本，其代表性取决于研究者对总体的了解程度和判断能力。主观抽样的优点是，可以充分发挥研究人员的主观能动性；缺点是抽样结果受研究人员的倾向性影响，一旦主观判断出现偏差，则更易引起抽样偏差。

3. 滚雪球抽样

当无法了解总体情况时，可以从总体中的少数成员入手，对他们进行调查，向他们询问还有哪些符合条件的人，再去找那些人并询问他们知道的人，如同滚雪球一样。这样可以找到越来越多具有相同性质的群体成员。

滚雪球抽样的优点在于调查费用少，易于实施。其缺点是：样本可能不能很好地代表整个总体，样本之间可能很相似，缺乏代表性；如果被调查者不愿意提供，调查会受阻；如果总体不大，有时用不了几次就会接近饱和状态。

4. 配额抽样

配额抽样也称定额抽样，是指调查人员将调查总体样本按一定标志分类或分层，确定各类（层）单位的样本数额，在配额内任意抽选样本的方式。

【例 2－1】 假设某高校有 2 000 名学生，其中男生占 60%，女生占 40%；文科学生和理科学生各占 50%；一年级学生占 40%，二年级、三年级、四年级学生分别占 30%、20% 和 10%。现要用定额抽样方法依上述三个变量抽取一个规模为 100 人的样本。

依据总体的构成和样本规模，可得到如表 2－2 所示的配额。

表 2－2　人数分配表

项目	男生（60 人）								女生（40 人）							
	文科（30 人）				理科（30 人）				文科（20 人）				理科（20 人）			
年级	一	二	三	四	一	二	三	四	一	二	三	四	一	二	三	四
人数/人	12	9	6	3	12	9	6	3	8	6	4	2	8	6	4	2

（七）概率抽样

概率抽样又称随机抽样，即在抽样时，母体中每一个抽样单位被选入样本的概率相同。随机抽样具有健全的统计理论基础，可用概率理论加以解释，是一种客观而科学的抽样方法。

一般而言，概率抽样调查的基本组织形式分为单阶段抽样和多阶段抽样两大类。单阶段抽样是指只需一次的抽样过程，它有四种类型：简单随机抽样、分层抽样、系统抽样、整群抽样。多阶段抽样是指将总体分层，再逐层抽取样本的过程。多阶段抽样在总体特别大时使用。

1. 简单随机抽样

简单随机抽样，又叫纯随机抽样，是最简单、最普遍的抽样组织方法。它是按照随机原则直接从总体的所有单位中抽取若干个单位作为样本，保证总体中每个单位在抽选中都有同等被抽中的机会。

简单随机抽样的具体做法有抽签法、随机数表法和计算机随机函数法。

（1）抽签法。

抽签法又称抓阄法，它是先将调查总体的每个单位进行编号，然后采用随机的方法任意抽取号码，直到抽足样本。

（2）随机数表法。

表 2-3 是部分随机数字表，可根据选取数量、大小的要求选用。

表 2-3　部分随机数字表

数列	(1)	(2)	(3)	(4)	(5)	(6)
1	044	942	354	764	934	250
2	456	244	578	642	719	833
3	786	946	672	677	157	556
4	310	245	103	089	523	753
5	856	729	570	414	378	760
6	001	996	008	523	442	713
7	457	158	923	378	785	566
8	247	084	749	433	118	987
9	987	378	406	322	359	037
10	675	716	436	220	940	853

续表

数列	(1)	(2)	(3)	(4)	(5)	(6)
11	369	628	231	361	549	205
12	654	392	402	199	707	639
13	876	362	178	456	950	807
14	085	597	934	142	436	566
15	654	097	373	819	289	620

(3) 计算机随机函数法。

Excel 提供了进行简单随机抽样的工具，可利用其中的随机函数进行简单随机抽样。

当然，随机抽样也有不足之处，比如它只适用于总体单位数量有限的情况，否则编号工作繁重；对于复杂的总体，样本的代表性难以保证；不能利用总体的已知信息等。在市场调研范围有限、调查对象情况不明、难以分类或总体单位之间特性差异程度较小时采用此法效果较好。

2. 分层抽样

分层抽样又称分类抽样或类型抽样，是先将总体单位按某种特征分为若干次级总体（层），然后再从每一层内进行单纯随机抽样，组成一个样本。

如某公司要估计某地家用电器的潜在用户，这种商品的消费同居民收入水平相关，因而以家庭年收入为分层基础。假定某地居民有 1 000 000 户，已确定样本数为 1 000 户，家庭年收入分为 10 000 元以下、10 000 ~ 30 000 元、30 000 ~ 60 000 元、60 000 元以上四层。其中，收入在 10 000 元以下的家庭有 180 000 户，收入在 10 000 ~ 30 000 元的家庭有 350 000 户，收入在 30 000 ~ 60 000 元的家庭有 3 000 000 户，收入在 60 000 元以上的家庭有 170 000 户。

分层比例抽样示意如图 2 - 4 所示。

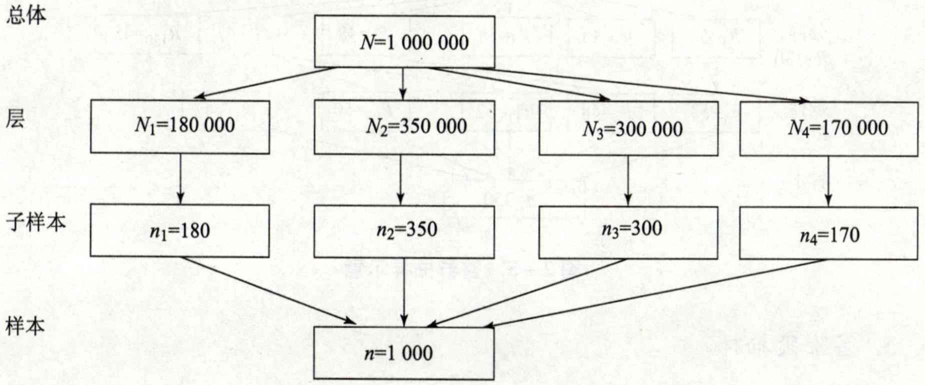

图 2 - 4　分层比例抽样示意

分层的原则是增加层内的同质性和层间的异质性。常见的分层变量有性别、年龄、教育、职业等。分层随机抽样在实际抽样调查中广泛使用，在样本容量相同的情况下，它比纯随机抽样的精度高，而且管理方便、费用少、效度高。

3. 系统抽样

系统抽样也称为等距抽样、机械抽样、SYS 抽样，它是首先将总体中各单位按一定的顺序排列，根据样本容量要求确定抽选间隔，然后随机确定起点，每隔一定的间隔抽取一个单位的一种抽样方式，是纯随机抽样的变型。具体操作为：在系统抽样中，先将总体从 1 ~ N 相继编号，并计算抽样距离 $K = N/n$。式中，N 为总体单位总数，n 为样本容量。然后在 1 ~ K 中抽一随机数 k_1，作为样本的第一个单位，接着取 $k_1 + K$，$k_1 + 2K$，…，直至抽够 n 个单位为止。

在定量抽样调查中，系统抽样常常代替简单随机抽样。由于该抽样方法简单实用，所以应用普遍。系统抽样得到的样本与简单随机抽样得到的样本相同。

4. 整群抽样

整群抽样又称聚类抽样，是将总体中各单位归并成若干个互不交叉、互不重复的集合，称为群，然后以群为抽样单位抽取样本的一种抽样方式。如调查中学生患近视眼的情况，抽某一个班统计；进行产品检验，每隔 8h 抽 1h 生产的全部产品进行检验等。应用整群抽样时，要求各群有较好的代表性，即群内各单位的差异要大，群间差异要小。

整群抽样优点是实施方便、节省经费；缺点是由于不同群之间的差异较大，所以其引起的抽样误差往往大于简单随机抽样的误差。

整群抽样示意如图 2 – 5 所示。

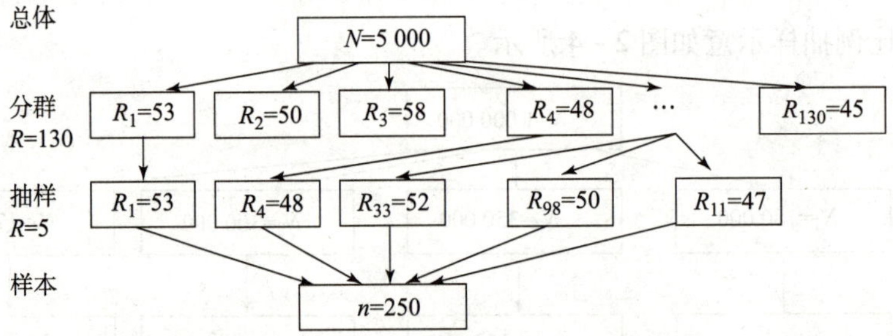

图 2 – 5 整群抽样示意

5. 多阶段抽样

多阶段抽样是将总体分成若干小的群体，但并不在每一小的群体中抽取一个样本，而是将这些小群体作为第一阶抽样单元，将它们看作个体进行抽样，然后再对抽中的第一阶抽样单元中的个体抽样，此为二阶抽样，以此类推，这样的抽样当然可以不止二阶而是多阶的。当总体中个体样本数量太大，或由于其他技术上的原因无法对个体进行编号时，可以采用多阶抽样，先按第一阶单元编号，抽取若干个，再在抽到的第一阶单元内编号，抽取下一级单元。多阶抽样会使现场观测的样本单元比较集中，有利于节省调查费用。

此外，还有重复抽样和不重复抽样。重复抽样指的是每次从总体中抽取一个样本单位，检验后重新放回总体，参与下次抽样。不重复抽样则是指每次从总体中抽取一个样本单位，检验后不再放回总体，这样下次抽样时不会再次抽到已经抽中过的样本单位，因此每个样品单位在各次抽样中被抽中的概率是不同的。

四、重点调查

重点调查是指在调查中，选择一部分重点调查单位收集统计资料的一种非全面调查。所谓重点调查单位，是指这些被调查的总体单位数目不多，所占比重不大，但其调查的标志值却在总量中占有很大比重，在总体中具有举足轻重的作用。通过对这部分重点单位的调查，可以从数量上说明总体在该标志总量方面的基本情况。当调查任务只要求掌握基本情况，而部分单位又能比较集中地反映所要研究的问题时，采用重点调查比较适宜。比如，对钢铁行业的调查，由于大型的钢铁行业为数不多，但产出量却很大，因此可以通过对少数企业的调查掌握整个行业的大致情况。

五、典型调查

典型调查是指根据调查目的，在对所研究现象进行全面分析的基础上，有意识地选择有代表性的典型单位进行深入细致的调查，以便认识事物的本质与发展变化规律的一种非全面调查方法。所谓典型单位，是指那些能充分、集中地体现调查对象总体某些方面共性特征的最有代表性的单位。

各种统计资料收集的组织方式可根据统计任务与要求灵活选用。

习 题 二

一、判断题

1. 全面调查和非全面调查是根据调查结果所得的资料是否全面来划分的。（ ）

2. 对全国各大型钢铁生产基地的生产情况进行调查，以掌握全国钢铁生产的基本情况。这种调查属于非全面调查。（ ）

3. 重点调查既可用于经常性调查，又可以用于一次性调查。（ ）

4. 调查单位和填报单位在任何情况下都不可能一致。（ ）

5. 在统计调查中，调查标志的承担者是调查单位。（ ）

6. 普查一般用来调查一定时点上的社会经济现象总量，它是一种专门组织的一次性全面调查。（ ）

二、单选题

1. 下列说法正确的是（ ）

A. 抽样调查选取样本时，所选样本可按自己的爱好抽取

B. 某工厂质量检查员检测某批灯泡的使用寿命采用普查法

C. 想准确了解某班学生某次统计学考试成绩，采用抽样调查，但需要抽取的样本容量较大

D. 检测南京市的空气质量，采用抽样调查

2. 概率抽样的基本原理是（ ）。

A. 概率论和数理统计　　B. 按照实际情况抽样样本

C. 按照个人喜好抽取样本　　D. 按照某人的指示抽取样本

3. 某政府机关在编人员共 100 人，其中副处级以上干部 10 人，一般干部 70 人，工人 20 人。上级部门为了了解该机关对政府机构改革的意见，要从中抽取 20 人，用下列哪种方法最合适（ ）

A. 系统抽样　　B. 抽签法　　C. 分层抽样　　D. 随机数法

4. 某电视台在网上就观众对其某一节目的喜爱程度进行调查，参加调查的一共有 20 000 人，其中各种态度对应的人数如表 2－4 所示。

表 2-4 观众对某一节目的喜爱情况统计表

喜爱程度	最喜爱	喜爱	一般	不喜欢
人数/人	4 800	7 200	6 400	1 600

电视台为了了解观众的具体想法和意见，打算从中抽选 100 人进行更为详细的调查，为此要进行分层抽样，那么在分层抽样时，每类人中应抽选的人数分别为（ ）人

A. 25，25，25，25　　B. 48，72，64，16

C. 20，40，30，10　　D. 24，36，32，8

5. 在一个容量为 N 的总体中抽取容量为 n 的样本，当选取简单随机抽样、系统抽样和分层抽样三种不同方法抽取样本时，总体中每个个体被抽中的概率分别为 p_1，p_2，p_3，则（ ）

A. $p_1=p_2<p_3$　　B. $p_2=p_3<p_1$　　C. $p_1=p_3<p_2$　　D. $p_1=p_2=p_3$

6. 为了调查某校学生的购书费用支出，从男生中抽取 60 名学生调查，从女生中抽取 40 名学生调查，这种调查方法是（ ）

A. 简单随机抽样　B. 分层抽样　C. 系统抽样　D. 整群抽样

7. 为了调查某校学生的购书费用支出，从全校抽取 4 个班级的学生进行调查，这种调查方法是（ ）

A. 简单随机抽样　B. 分层抽样　C. 系统抽样　D. 整群抽样

8. 为了了解女性对某品牌化妆品的购买意愿，调查者在街头随意拦截部分女性进行调查。这种调查方法是（ ）

A. 简单随机抽样　B. 分层抽样　C. 方便抽样　D. 自愿抽样

9. 研究人员根据对研究对象的了解有目的地选择一些样本单位作为样本，这种调查方法是（ ）

A. 判断抽样　B. 分层抽样　C. 方便抽样　D. 自愿抽样

10. 如果要收集某一特定群体的有关资料，适宜采用的调查方式是（ ）

A. 判断抽样　B. 滚雪球抽样　C. 系统抽样　D. 整群抽样

11. 先将总体中的所有单位按照一定的标志（变量）分为若干类，然后再从每个类中采用方便抽样或判断抽样的方式选取样本单位。这种抽样方式称为（ ）

A. 分类抽样　B. 配额抽样　C. 系统抽样　D. 整群抽样

12. 二手数据的特点是（ ）

A. 采集数据的成本低，但搜集比较困难

B. 采集数据的成本低，搜集比较容易

C. 数据缺乏可靠性

D. 不适合自己研究的需要

13. 与概率抽样相比，非概率抽样的缺点是（　　）

A. 样本统计量的分部是确定的

B. 无法使用样本的结果对总体相应的参数进行推断

C. 调查的成本比较高

D. 不适合探索性的研究

14. 连续调查与不连续调查的划分依据是（　　）

A. 调查的组织形式　　B. 调查登记的时间是否连续

C. 调查单位包括的范围是否全面　　D. 调查资料的来源

15. 为了解某企业的期末在制品数量，由调查人员亲自到现场观察计数，这种收集资料的方式属于（　　）。

A. 采访法　　B. 直接观察法　　C. 大量观察法　　D. 报告法

16. 调查几个铁路枢纽就可以了解我国铁路货运量的基本情况和问题，这种调查属于（　　）。

A. 全面调查　　B. 抽样调查　　C. 重点调查　　D. 典型调查

17. 某地区为了掌握该地区水泥生产的质量情况，拟对占该地区水泥总产量的 90% 的五个大型水泥厂的生产情况进行调查，这种调查方式是（　　）。

A. 典型调查　　B. 重点调查　　C. 抽样调查　　D. 普查

18. 某地进行国有商业企业经营情况调查，则调查对象是（　　）。

A. 该地所有商业企业　　B. 该地所有国有商业企业

C. 该地每一家商业企业　　D. 该地每一家国有商业企业

19. 统计调查方案的首要问题是（　　）

A. 调查经费的落实　　B. 调查组织工作

C. 调查任务和目的的确定　　D. 调查对象的确定

20. 下列调查中，调查单位与填报单位一致的是（　　）。

A. 企业设备调查　　B. 人口普查

C. 农村耕地调查　　D. 工业企业现状调查

三、多选题

1. 我国统计调查的方法有（　　）

A. 统计报表　　B. 普查　　C. 抽样调查　　D. 重点调查

E. 典型调查

2. 选择重点单位的标准有（　　）

A. 在总体单位数中占的比重很大

B. 在总体单位数中占的比重很小

C. 在总体中具有代表性

D. 标志总量占总体标志总量的比重很大

E. 标志总量占总体标志总量的比重很小

3. 普查属于（　　）

A. 专门调查　　B. 全面调查　　C. 非全面调查　　D. 一次性调查

E. 经常性调查

四、简答题

1. 简述数据搜集的类型。

2. 什么是全面调查与非全面调查？

3. 什么是配额抽样与分层抽样？两者的异同点有哪些？

4. 什么是统计调查？它有哪些基本要求？

5. 什么是统计调查问卷？它的基本结构包括哪些部分？

6. 重点调查、典型调查和抽样调查的异同点是什么？

五、应用能力题

1. 2019 年上半年，苏州市房价温和上涨。请你结合当地的实际情况，到附近的楼盘做一次房价调查，了解房价上涨情况，设计一份较为完整的调查方案，并实际调查，对调查数据进行分析，写出相应的分析报告。

2. 采用问卷的方式调查大学生消费状况。设计一份完整的调查问卷，通过“问卷星”平台制作网上问卷，邀请 1 000 人完成问卷，对问卷的调查数据进行分析，写出相应的分析报告。

第三章

用图表展示数据

开篇案例：用哪些图形展示奖牌？

2019 年 7 月 12 日至 7 月 28 日，第十八届世界游泳锦标赛在韩国光州举行。在这次比赛中，中国体育代表团表现非常出色，力压美国、俄罗斯和澳大利亚等国，最终以 16 金 11 银 3 铜总计 30 枚奖牌的成绩位列金牌榜第一位。美国队以 15 金 11 银 10 铜位列金牌榜第二。俄罗斯队以 12 金 11 银 7 铜位列金牌榜第三。表 3 – 1 是金牌总数前三名的国家所获奖牌的分布情况。

表 3 – 1　第十八届世界游泳锦标赛金牌总数前三名一览

排名	国家	男子			女子			混合			合计		
		金	银	铜	金	银	铜	金	银	铜	金	银	铜
1	中国	8	2	2	6	9	1	2	0	0	16	11	3
2	美国	6	5	3	8	5	6	1	1	1	15	11	10
3	俄罗斯	2	6	4	8	3	3	2	2	0	12	11	7

根据上面的数据，你认为可以选择哪些图形来展示三个国家所获得的奖牌情况？

本章概述

当一堆数据摆在你面前时，你可能感到束手无策，不知从哪里开始分析。例如，根据你班上 30 位同学统计学课程的期末考试成绩数据，作为这个班的班长，你要向辅导员汇报班级考试情况，你将如何汇报呢？原封不动地将这 30 名同学的成绩全部汇报上去吗？这样的汇报能使辅导员从中快速看出考试的整体情况吗？

现在人们对信息的要求越来越呈现出简单化的趋势，所以越来越多的人喜欢使用表格和图形的形式来表示结果，这样能更直观地反映数据整体的特点。那么怎么编制这些表格和图形？我们生活中又有哪些常用的表格和图形类型？本章将介绍如何使用图表来展示数据。

学习目标

知识目标：

1. 了解统计表、统计图的含义、分类；

2. 掌握直条图、饼图、直方图、散点图、茎叶图、折线图的概念及适用情况。

能力目标：

1. 能根据调查得到的统计数据编制统计表，并绘制相应的统计图；

2. 能利用 Office 软件尤其是 Excel 绘制常见的统计图表，养成使用工具进行数据处理的习惯。

第一节　读懂统计表

将统计调查得来的数字资料经过汇总整理后，按一定顺序填列在由纵横交叉的线条构成的表格中，这个表格就是统计表。

一、统计表的结构

从形式上看，统计表一般由表号、总标题、横行标题、纵栏标题、数字资料组成。

横行标题通常是横行各组的名词，代表统计表所要说明的对象（总体及其分组），反映统计表的主要项目；纵栏标题是纵栏内容的名称，用来说明总体及其分组情况的统计指标的名称；数字资料也叫指标数值，是统计表的具体内容，列在各行标题和各列标题的交叉处。

从内容上看，统计表可以分为主词和宾词两个部分。主词是说明的对象，即说明总体及其分组；宾词说明总体的统计指标，包括指标名称和指标数值。

统计表的结构如图 3－1 所示。

二、统计表的分类

（一）按作用划分

按作用，统计表可分为调查表、汇总表和分析表。调查表是在统计调查中用以登记、收集原始统计资料的表格；汇总表是在统计汇总或整理过程中使用的表

图 3－1　统计表的结构

格，即用于统计汇总和整理结果的表格，也称整理表；分析表是统计分析中用于定量分析的表格。

（二）按对总体分组的情况划分

按对总体分组的情况，调查表分为简单表、简单分组表和复合分组表。

未经任何分组，仅罗列各总体单位或按时间顺序排列的是简单表，如图 3－2 所示；只对某一个项目的数据进行统计的表格，叫单式统计表，也叫简单分组表，如图 3－3 所示；统计项目在两个或两个以上的统计表格，叫复合分组表，如图 3－4 所示。

2017 年主要国家和地区进出口额

国家和地区	出口额/亿元	进口额/亿元
欧盟	25 199	16 543
美国	29 103	10 430
东盟	18 902	15 942
日本	9 301	11 204
韩国	6 965	12 013
巴西	1 962	3 974
印度	4 615	1 107

图 3－2　简单表示例

2017 年某公司所属两企业自行车合格品数量

厂名	合格品数量/辆	所占比重/%
甲厂	6 000	28.6
乙厂	7 000	33.3
丙厂	8 000	38.1
合计	21 000	100.0

图 3－3 简单分组表示例

某企业职工分布情况

工种	性别	人数/人	比重/%
车工	男	30	75
	女	10	25
	小计	40	100
刨工	男	40	80
	女	10	20
	小计	50	100
铣工	男	80	80
	女	20	20
	小计	100	100
合计		190	—

图 3－4 复合分组表示例

三、统计表的设计

由于使用者的目的以及统计数据的特点不同，统计表在形式和结构上会有较大差异，但设计的基本要求是一致的。总体上来说，统计表的设计应符合科学、实用、简练、美观的要求。

（1）合理安排统计表结构，如行标题、列标题、数字资料的位置等。

（2）表头一般应包括表号、总标题和表中数据的单位等内容。总标题应简明确切地概括出统计表的内容，一般需要表明统计数据的时间、地点及数据类型。

（3）如果表中的全部数据都是同一计量单位，可在表的右上角标明；若各指标的计量单位不同，则应放在每个指标后或单列出一列标明。

（4）每列数字的小数点保留位数一致。

（5）表中的上下两条线一般用粗线，中间的其他线要用细线，这样看起来清楚、醒目。

（6）表格中不应有空格，暂无记录或未记录用“…”（点号）表示，无数据用“—”表示，这两种情况都不能填“0”。

（7）在使用统计表时，必要时可在表的下方加上注释，特别要注明资料来源，以表示对他人劳动成果的尊重，方便读者查阅。

知识链接：频数分布表

为了考察数据的分布情况，可以将数据按一定规则划分为若干小组，落在各个小组内的数据的个数就叫频数，每一小组的频数与数据总数的比值叫频率。统计分组方法主要有品质分组法和数量分组法，前者主要按品质标志分组，如人口按性别分组、员工按岗位分组；后者是按数量标志进行分组，如人口按年龄分组、职工按工龄分组、居民按收入水平分组。

在观察值个数较多时，为了解一组同质观察值的分布规律和便于指标的计算，可编制频数分布表，简称频数表。通过频数表，可以观察不同组别数据的分布状况。例如，通过不同品牌产品销售量的分布，可以了解其市场占有率；通过一所大学不同学院或专业学生人数的分布，可以了解该大学的学生构成；通过社会中不同收入阶层的人数分布，可以了解收入的分配状况等。在分组时，可按标志的性质将数据分为品质数据和数值型数据。

【例 3－1】为研究不同类型软饮料的市场销售情况，一家市场调查公司对随机抽取的一家超市进行调查。表 3－2 是调查员随机观察的 50 名顾客购买的饮料类型及购买者性别。生成品质数据频数分布表，观察饮料类型和顾客性别的分布状况。

表 3－2　顾客性别及购买的饮料类型

顾客性别	饮料类型	顾客性别	饮料类型	顾客性别	饮料类型
女	碳酸饮料	女	碳酸饮料	女	其他
男	绿茶	男	绿茶	女	碳酸饮料
男	矿泉水	男	其他	女	其他
女	矿泉水	女	碳酸饮料	女	果汁
男	碳酸饮料	男	绿茶	男	绿茶
男	矿泉水	男	碳酸饮料	女	果汁
女	碳酸饮料	女	绿茶	女	碳酸饮料

续表

顾客性别	饮料类型	顾客性别	饮料类型	顾客性别	饮料类型
女	绿茶	男	矿泉水	女	果汁
男	果汁	女	绿茶	男	矿泉水
男	碳酸饮料	男	矿泉水	女	碳酸饮料
女	矿泉水	女	绿茶	女	绿茶
女	其他	女	碳酸饮料	女	其他
男	碳酸饮料	女	矿泉水	女	果汁
男	绿茶	男	其他	男	绿茶
男	碳酸饮料	男	碳酸饮料	女	其他
女	其他	女	果汁	女	矿泉水
男	矿泉水	男	矿泉水	—	—

在整理品质数据时，首先列出所分类别，然后计算出每一类别的频数、频率等，形成一张频数分布表。Excel 生成的饮料类型和顾客性别的频数分布如表 3－3 所示。

表 3－3 饮料类型和顾客性别的频数分布表

饮料类型	顾客性别		
	男/人	女/人	总计/人
果汁	1	5	6
矿泉水	7	3	10
矿泉水	—	1	1
绿茶	6	5	11
其他	2	6	8
碳酸饮料	6	8	14
总计	22	28	50

【例 3－2】以下是某电脑公司 120 天的销售额，单位为万元。生成一张频数分布表，观察销售额分布的特征。

234	159	187	155	172	183	182	177	163	158
143	198	141	167	194	225	177	189	196	203
187	160	214	168	173	178	184	209	176	188
161	152	149	211	196	234	185	189	196	206
150	161	178	168	174	153	186	190	160	171

228	162	223	170	165	179	186	175	197	208
153	163	218	180	175	144	178	191	197	192
166	196	179	171	233	179	187	173	174	210
154	164	215	233	175	188	237	194	198	168
174	226	180	172	190	172	187	189	200	211
156	165	175	210	207	181	205	195	201	172
203	165	196	172	176	182	188	195	202	213

采用手工分组时，可先对上面的数据进行排序（使用计算机时不必排序）。分组和制作数值数据的频数分布表的具体步骤如下。

首先要对数据进行分组。数据分多少组一般与数据本身的特点及数据的多少有关。由于分组的主要目的是观察数据分布的特征，因此组数的多少应以能够适当观察数据的分布特征为准。一般情况下，一组数据所分的组数K应不少于5且不多于15，即$5 \leqslant K \leqslant 15$。本例中由于数据较多，可考虑10组。

其次，确定各组的组距。组距可根据全部数据的最大值和最小值以及所分的组数来确定，即组距 =（最大值 - 最小值）÷组数。例如，对于本例数据，最大值为237，最小值为141，则组距 = (237 - 141) ÷ 10 = 9.6。为便于计算，组距宜取5或10的倍数，而且第一组的下限应低于最小变量值，最后一组的上限应高于最大变量值，因此组距可取10。

最后，统计出各组的频数即为频数分布表。在统计各组频数时，恰好等于某一组上限的变量值不算在本组内，而计算在下一组。

表3-4是用Excel生成的频数分布表。

表3-4　某电脑公司销售额的频数分布

销售额/万元	频数/天	频率/%
140~150	4	3.33
150~160	9	7.5
160~170	16	13.33
170~180	27	22.5
180~190	20	16.67
190~200	17	14.17
200~210	10	8.33
210~220	8	6.67
220~230	4	3.33
230~240	5	4.17
合计	120	100

第二节 常用的统计图

统计图就是根据统计数字，用几何图形、实物形象或地图等绘制的各种图形。它表示的数量关系比统计表更加明白、具体，使人一目了然。统计图是一种综合性、总结性比较强且比较完备、准确、形象的表示方法。

一、品质数据的图形展示

（一）条形图

条形图是用宽度相同的条形的高度或长短来表示数据多少的图形。条形图可以横置或纵置，纵置时也称为柱形图。例如，某同学五次考试成绩如表 3－5 所示，该同学成绩分布的柱形图如图 3－5 所示。

表 3－5 某同学五次考试成绩

考试	成绩/分
第一次	92
第二次	87
第三次	78
第四次	98
第五次	82

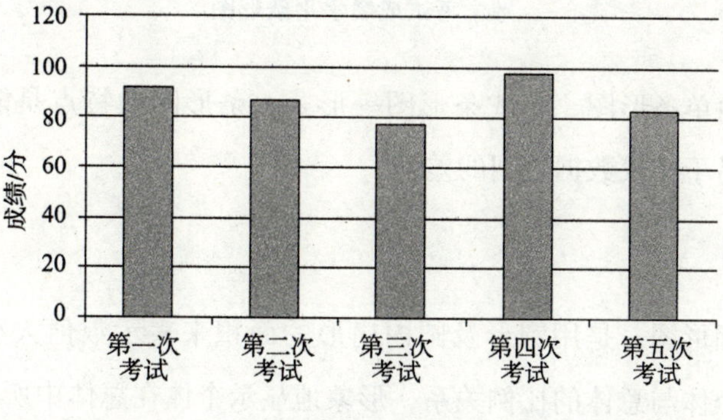

图 3－5 某同学五次考试成绩分布的柱形图

【例 3－3】表 3－6 是某校高三（1）班和高三（2）班学生 2019 年 12 月 1 日数学考试成绩情况。请生成条形图，观察两个班学生考试成绩的分布状况。

表 3-6 某校高三（1）班和高三（2）班学生 2019 年 12 月 1 日数学考试成绩情况

成绩/分	高三（1）班		高三（2）班	
	人数/人	比例/%	人数/人	比例/%
优秀（90～100）	7	12	6	10
良好（80～89）	18	30	15	24
中等（70～79）	23	38	25	40
及格（60～69）	10	17	13	21
不及格（60 以下）	2	3	3	5
合计	60	100	62	100

将考试成绩为优秀、良好、中等、及格、不及格等构成的百分比前后相接排列在一个条状图形里，即为水平条形图，如图 3-6 所示。

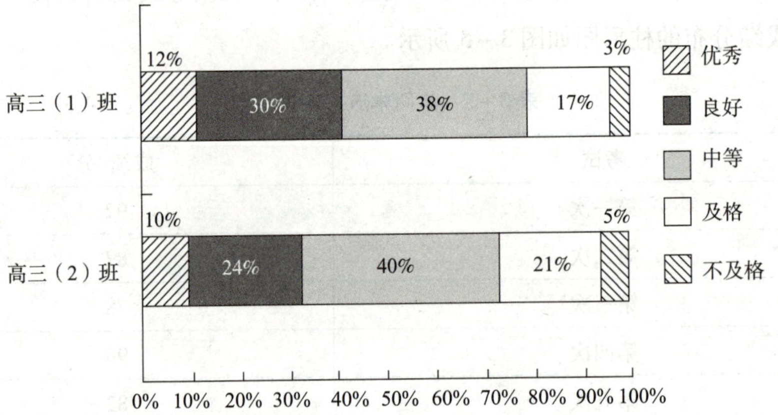

图 3-6 某校高三（1）班和高三（2）班学生 2019 年 12 月 1 日数学考试成绩水平条形图

条形图有简单条形图、复式条形图等形式。条形图的特点是能清楚地表示出数量的多少，易于比较数据之间的差别。

（二）饼图

饼图又称圆形图，是用圆形及圆内扇形的面积来表示数值大小的图形。它能够直观地反映个体与总体的比例关系，形象地显示个体在总体中所占的比例。

【例 3-4】某饭店餐饮部在第一季度发现服务质量问题 45 个，其中菜肴质量问题 17 个，服务态度问题 15 个，服务技能问题 6 个，安全卫生问题 4 个，其他问题 3 个。请绘制一张饼图分析餐饮部服务质量问题的构成。

绘制的饼图如图 3－7 所示。从图中可以看出，餐饮部服务质量问题最多的是菜肴质量问题，占 38%；其次是服务态度问题，占 33%。管理者应将工作重点放在提高菜肴质量、改进服务态度上。

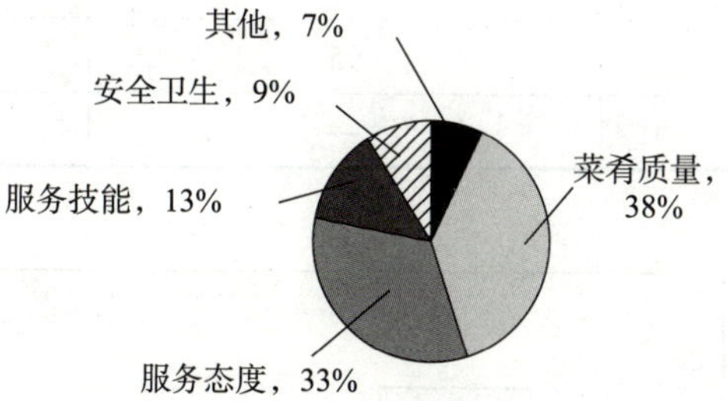

图 3－7　餐饮部一季度服务质量问题构成的饼图

知识链接：饼图的诞生

苏格兰的一名工程师——威廉·普莱菲尔（William Playfair）于 1801 年发布了世界上公认的第一张饼图。这张饼图出现在至今依然被奉为经典的著作——《统计摘要》中。尽管他是发明人，但是他从来没有叫这种图表为“饼图”，而是后人注意到这种图与我们日常所吃的大饼相似，所以称其为“饼图”。当然，饼图是中国人的叫法，在国外，这种图俗称 Pie Chart（派图）。

二、数值数据的图形展示

以上介绍的品质数据的图示方法——条形图、饼图也都适用于数值型数据。但数值型数据还有以下一些特定的图示方法，这些方法并不适用于品质数据。

（一）分组数据：直方图

直方图是针对分组资料，以横轴表示变量、纵轴表示该组的具体数值，用条状的图形来表示其数值分布情况的图形。图 3－8 是根据表 3－7 所示的小明班上统计学考试成绩分布情况绘制的直方图。

表 3－7　小明班上统计学考试成绩

成绩/分	组中值/分	学生数/人
50 ~ 60	55	2
60 ~ 70	65	21

续表

成绩/分	组中值/分	学生数/人
70 ~ 80	75	16
80 ~ 90	85	9
90 ~ 100	95	2
合计	—	50

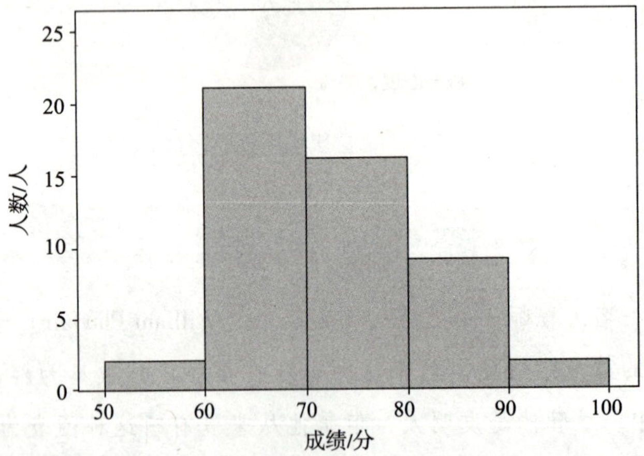

图 3-8　小明班上统计学考试成绩分布情况的直方图

【小思考】直方图与条形图是一回事吗?

【例 3-5】为了了解某校 1 800 名学生对学校设置的体操、球类、跑步、踢毽子等课外体育活动项目的喜爱情况，在全校范围内随机抽取了若干名学生，对他们最喜爱的体育项目（每人只选一项）进行了问卷调查，将数据进行了统计，并绘制成了如图 3-9 所示的统计图。请问该图是直方图吗?

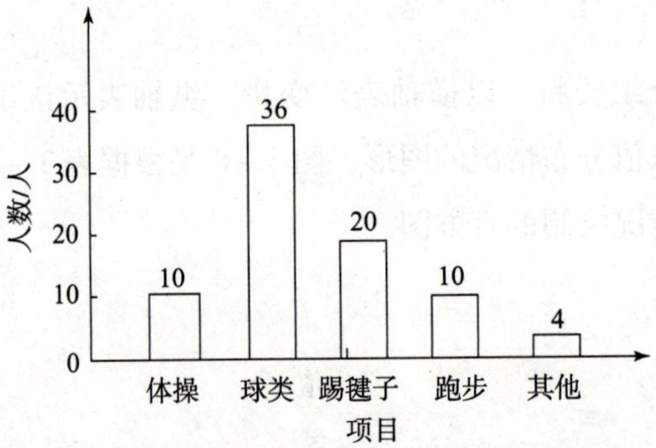

图 3-9　全校课外体育项目喜爱情况

图 3－9 中横轴上表示的仅是体育项目的类别，不是同一类数据的分组，图中各长方形之间有空隙，且长方形的高表示的是喜爱各类体育项目的人数，显然这是条形图，不是频数分布的直方图。

【例 3－6】某同学对本班某次捐款情况进行了统计，全班 50 人共捐款 900 元。该同学分别绘制了如图 3－10 所示的条形统计图（注：每组含最小值，不含最大值）。这个说法正确吗？

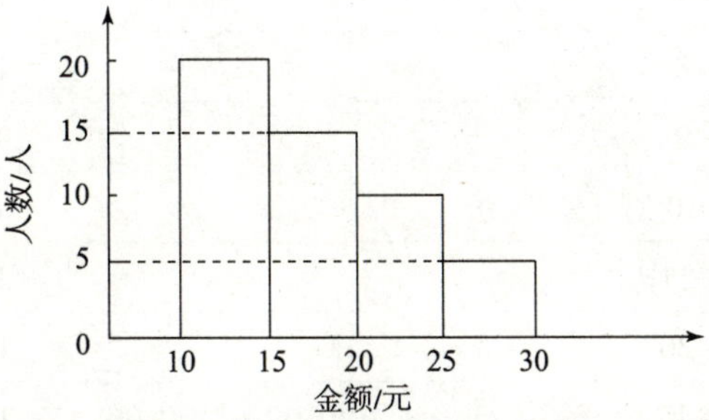

图 3－10　捐款金额及人数分布统计

根据题意可知，图 3－10 中横轴上表示的是学生捐款金额的分组，它们是连续的，并且题中指出每组含最小值，不含最大值，这就表明这组数据是连续排列的，中间没有空隙。因此，图 3－10 表示的是频数分布直方图，而不是条形图，把它称为“条形统计图”显然是错误的。

直方图与条形图的主要区别有以下几点。

首先，条形图是用条形的长度表示各类别频数的多少，其宽度（表示类别）则是固定的。而直方图矩形的高度表示每一组的频数或频率，宽度则表示各组的组距，其高度与宽度均有意义。

其次，由于分组数据具有连续性，直方图的各矩形通常连续排列，而条形图则分开排列。也就是说，条形统计图中，横轴上的数据是孤立的，是一个具体的数据；而直方图中，横轴上的数据是连续的，是一个范围。

最后，条形图主要用于展示品质数据，直方图则主要展示数值数据分布情况。

【小思考】请问根据表 3－8 资料所作的如图 3－11 所示的直方图合理吗？

表 3－8　某小区 4—5 月感冒患者年龄分布

年龄/岁	患者人数/人
0～1	3
1～2	3

续表

年龄/岁	患者人数/人
2 ~ 3	9
3 ~ 4	11
4 ~ 5	23
5 ~ 6	22
6 ~ 7	11
7 ~ 8	14
8 ~ 9	8
9 ~ 10	6
10 ~ 11	36
20 ~ 30	13
30 ~ 40	11
40 ~ 50	4
50 ~ 60	1
合计	175

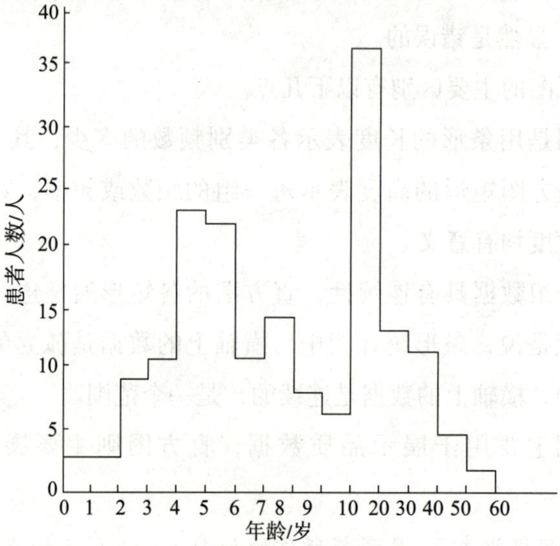

图 3-11　某小区 4—5 月感冒患者年龄分布直方图

（二）未分组数据：茎叶图

茎叶图又称枝叶图，它的绘制思路很形象，也很具体化，概括起来就是将数

据按位数进行比较。将数的大小基本不变或变化不大的位数作为一个主干（茎），将变化大的位数作为分枝（叶），列在主干的后面，这样就可以清楚地看到每个主干后面有几个数、每个数具体是多少。例如，125 分成 12 | 5，12 分成 1 | 2，等等，前部分是茎，后部分是叶。

茎叶图类似于横置的直方图，与直方图相比，茎叶图既能给出数据的分布状况，又能给出每一个原始数值，即保留了原始数据的信息。而直方图虽然能够很好地显示数据的分布，但不能保留原始的数值。在应用方面，直方图通常适用于大批量数据，茎叶图通常适用于小批量数据。

【例 3－7】 图 3－12 是某赛季甲、乙两名篮球运动员每场比赛得分的茎叶图。在这几场比赛中，甲、乙两人的最高分分别是多少？

甲		乙
5 3	1	
3 6 8	2	4 5
4 7 9	3	2 6 3 7 8
1	4	5 7

图 3－12　甲、乙运动员每场比赛得分茎叶图

由所给的茎叶图可知，甲的得分是 13 分、15 分、28 分、26 分、23 分、39 分、37 分、34 分、41 分，这组数据的最高值是 41 分；乙的得分是 24 分、25 分、32 分、36 分、33 分、37 分、38 分、45 分、47 分，这组数据的最高值是 47 分。因此，甲、乙两人的最高分分别是 41 分和 47 分。

（三）时间序列数据：折线图

如果数值型数据是在不同时间取得的，即时间序列数据，则可以绘制折线图。折线图主要用于反映现象随时间变化的特征。图 3－13 是 2020 年 1 月 25 日至 2 月 10 日全国及湖北省外新冠肺炎累计确诊病例增速折线图。可以看出，全国累计确诊病例增速明显放缓，连续三天处于 10% 以下；湖北省外地区的累计确诊增速进一步下降至 3.51%，疫情扩散势头得到控制。

（四）多变量数据：散点图

以上介绍的一些图形描述的都是单变量数据。当有两个或两个以上变量时，可以采用多变量的图示方法，常见的有散点图、雷达图等。

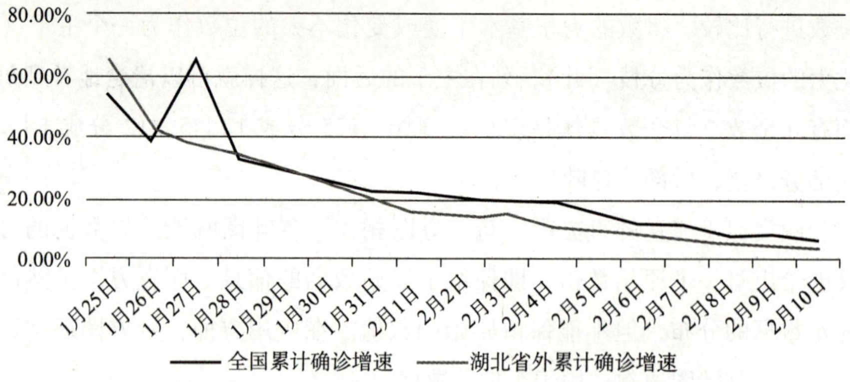

图 3-13　全国及湖北省外新冠肺炎累计确诊病例增速折线图

散点图用点的密集程度和变化趋势来表示两指标之间的直线相关关系。散点图与上述几种图形的最大区别是它涉及对两个变量间相互关系的描绘。例如，图 3-14 为某校 10 名女大学生的身高与体重数据，可以看出因变量随自变量的变化而变化的大致趋势。

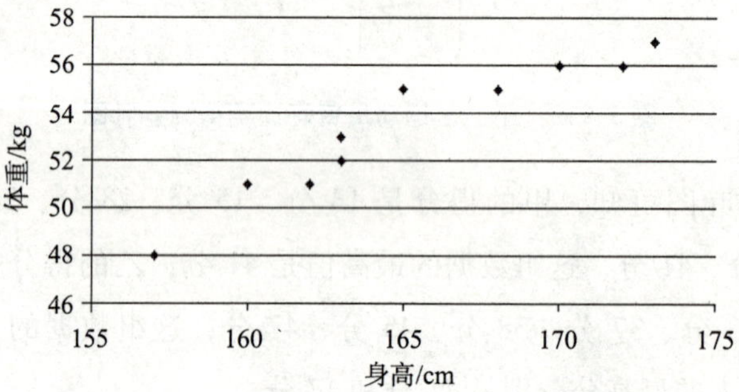

图 3-14　某校 10 名女大学生身高与体重数据散点图

第三节　用 Excel 制作统计图表

通过统计调查得到的数据是杂乱的、没有规则的，因此，必须对搜集到的大量原始数据进行加工整理，经过数据分析，得到科学结论。Excel 提供了多种数据整理工具，如数据分组、制作统计图等，可以方便快速地对数据进行整理和分析。

一、品质数据频数分布表的制作

Excel 可以对品质数据进行分组，计算各组的频数，下面以 10 名学生按性别进行分组为例来说明如何使用 Excel 制作分类数据的频数分布表。

第一步：将 10 名学生的资料输入 Excel 表，如图 3-15 所示。（注：学生姓名

均为化名）

	A	B	C	D	E
1	姓名	性别			
2	张丽丽	女			
3	李沛	男			
4	李文彬	男			
5	冯萍	女			
6	高欢庆	女			
7	关迪	男			
8	何婷	男			
9	胡盟	女			
10	黄婵	女			
11	亢瑞芳	女			
12					

图 3－15　输入学生的资料

第二步：首先添加“数据透视表和数据透视图向导”按钮。具体为，在快捷工具栏点击鼠标右键，选择“自定义快速访问栏”，从“下列位置选择命令”中选择“不在功能区中的命令”，选择“数据透视表和数据透视图向导”，点击“添加”，并点击“确定”按钮即可。

然后，选中所填资料，点击工具栏中的“透视表和数据透视图向导”按钮，在出现的“数据透视表和数据透视图向导—步骤 1（共 3 步）”中选择“Microsoft Excel 列表或数据库（M）”和“数据透视表（T）”，如图 3－16 所示，点击“下一步（N）>”按钮。

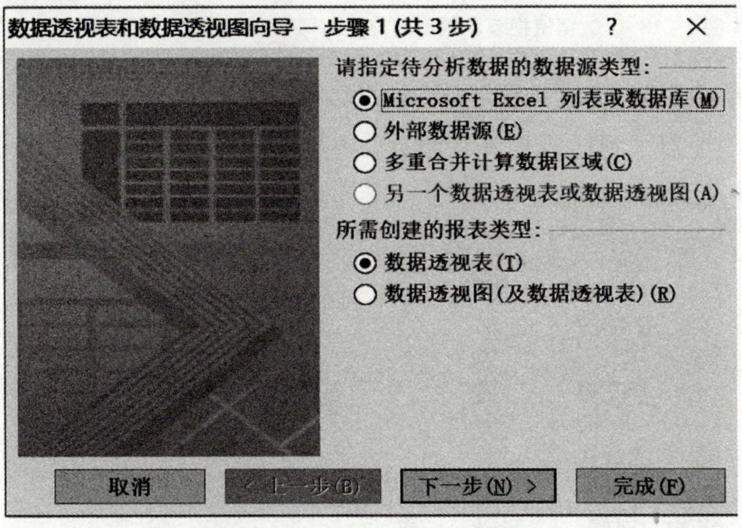

图 3－16　“数据透视表和数据透视图向导—步骤 1（共 3 步）”对话框

第三步：在出现的“数据透视表和数据透视图向导—步骤 2（共 3 步）”中输入数据源区域“B1∶B11”，如图 3－17 所示，点击“下一步（N）>”按钮。

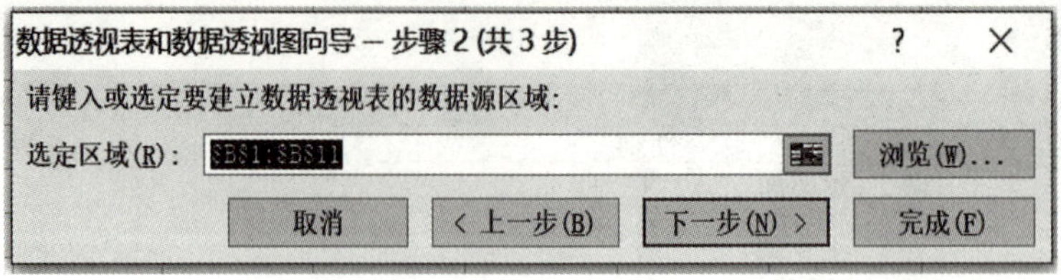

图 3－17 “数据透视表和数据透视图向导—步骤 2（共 3 步）”对话框

第四步：在“数据透视表和数据透视图向导—步骤 3（共 3 步）”中选择“现有工作表（E）”，并输入将要输出汇总结果位置的单元格（本例选 C7 单元格），如图 3－18 所示。

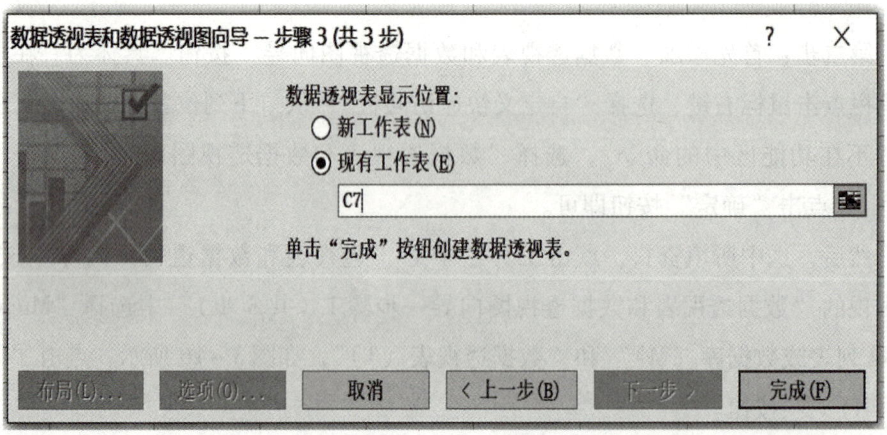

图 3－18 “数据透视表和数据透视图向导—步骤 3（共 3 步）”对话框

第五步：点击“完成（F）”按钮，拖动出现在“数据透视表字段列表”中的分组标志“性别”到“行标签”释放，再将其拖到“数值”释放，即得到如图 3－19 所示的分组汇总结果。

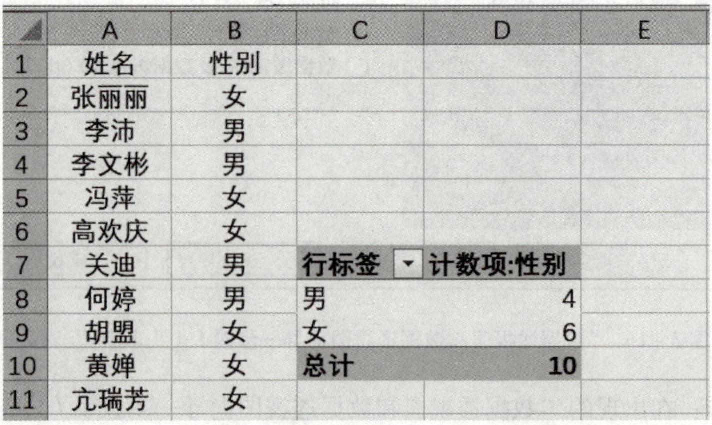

	A	B	C	D	E
1	姓名	性别			
2	张丽丽	女			
3	李沛	男			
4	李文彬	男			
5	冯萍	女			
6	高欢庆	女			
7	关迪	男	行标签	计数项:性别	
8	何婷	男	男	4	
9	胡盟	女	女	6	
10	黄婵	女	总计	10	
11	亢瑞芳	女			

图 3－19 分组汇总结果

二、统计图制作

统计图在统计整理中的应用越来越广泛，Excel 提供了大量的统计图形供用户根据需要和图形功能选择使用。Excel 提供的图形工具有直方图、柱形图、饼图、散点图等。

（一）直方图的制作

【例 3－8】某班 30 名学生的统计学成绩（单位：分）如下。

68	98	60	70	74	89	53	15	45	89
94	98	75	65	66	58	45	85	75	74
80	66	57	76	82	79	63	59	74	60

请你统计各分数段人数，并制作直方图。

此时需要“数据分析”功能，而默认情况下，Excel 是没有加载“数据分析”功能的。可以在“选项”对话框中加载。点击“文件”菜单，在弹出的下拉菜单中选择“选项”命令，此时会弹出“Excel 选项”对话框。选择该对话框中的“加载项”命令标签，在弹出的新界面中点击“转到”按钮，此时会弹出“加载宏”对话框，在该对话框中将“数据分析”选项选中即可。选择“数据”菜单选项卡，可发现在工具栏中已经显示了“数据分析”功能按钮。

具体操作如下。

（1）输入 30 名学生的成绩数据，要求单列。

（2）对输入的数据进行排序。首先选中所有的数据资料，然后依次点击“数据”“排序”，选择升序排列。

（3）输入数据分组标志，即分段统计的数据间隔。值得注意的是，这里只能输入每一组的上限值，这些值应当按升序排列。在本例中，采用 10 分作为一个分数统计单元。

（4）点击“数据”→“数据分析”，从“分析工具”列表中选择“直方图”，点击“确定”按钮，打开“直方图”对话框。

（5）在“直方图”对话框中，“输入区域”指原始数据区域，即 30 个成绩数据；“接收区域”指分组标志所在区域，即 10 个分数段上限值。选择“输出区域”，推荐只输入一个单元格，直接插入当前表格中。

（6）选择“图表输出”，点击“确定”按钮即可以得到直方图，如图 3－20 所示。该图实际上是草图，还需要较大的调整、修改。

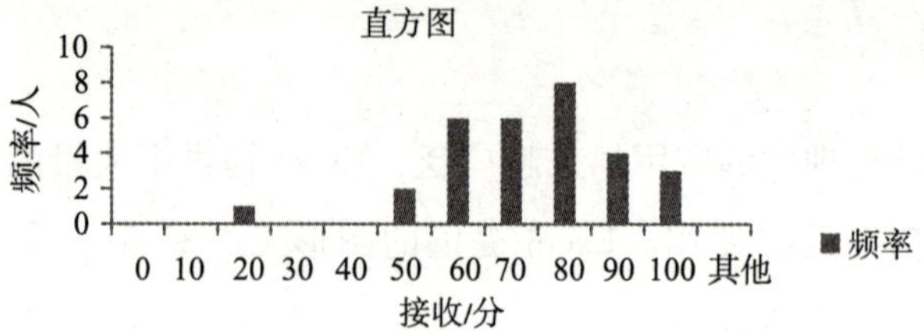

图 3-20 Excel 输出的 30 名学生统计学成绩的直方图草图

（7）首先，点击任意直条，然后点击鼠标右键，选择“数据系列格式”，在弹出的“数据系列格式”对话框中点击“选项”，调整“分类间距”为“0”。

（8）清除“其他”直条，在“接收—频率”数据表中删除“其他”及其对应的数值，图中“其他”直条会随之消失。

（9）在图上删除“直方图”字样；更改“频率”为“人数”；更改“接收”为“成绩”。调整后的直方图如图 3-21 所示。

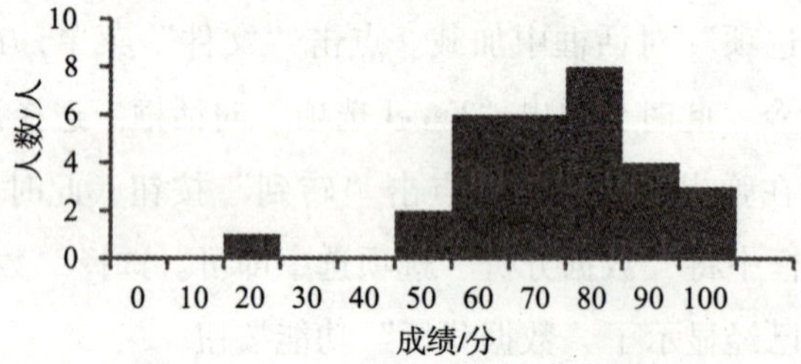

图 3-21 修改后的 30 名学生统计学成绩的标准直方图

（二）柱形图的制作

【例 3-9】使用 Excel 将表 3-9 所示的某校学生成绩统计数据通过柱形图的形式表示出来。

表 3-9 某校成绩统计数据

年级	成绩			
	优秀	良好	合格	不合格
大一/人	130	343	110	32
大二/人	123	365	97	30
大三/人	112	370	98	35

方法：在 Excel 中选中数据源，点击“插入”选项卡“图表”组中的“拓展”按钮，选择“所有图表”中的“柱形图”，在右侧选择“堆积柱形图”，点击“确

定”按钮即可创建如图 3 – 22 所示的堆积柱形图（条形图的一种）。当然，除此之外，还可以根据需要在“插入图表”对话框中选择不同的图表形式，从而得到不同的图表，比如图 3 – 23 所示的百分比堆积柱形图，以及图 3 – 24 所示的三维堆积柱形图。

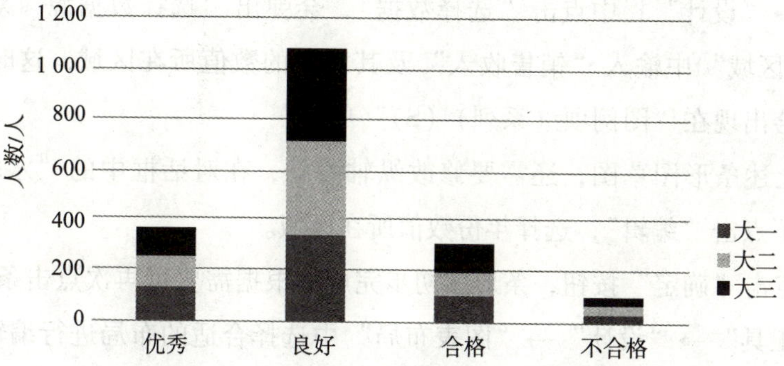

图 3 – 22 某校学生成绩的堆积柱形图

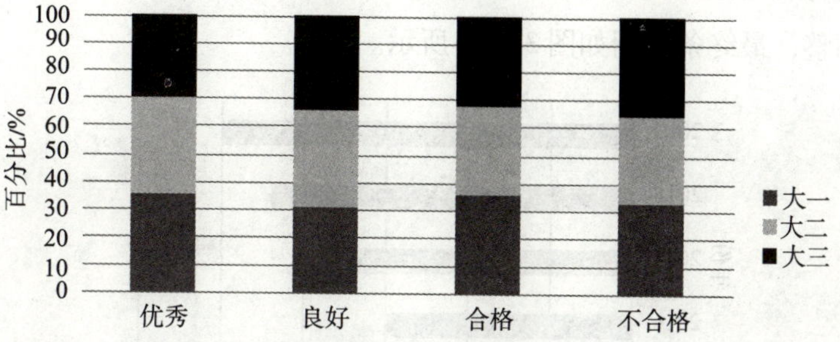

图 3 – 23 某校学生成绩的百分比堆积柱形图

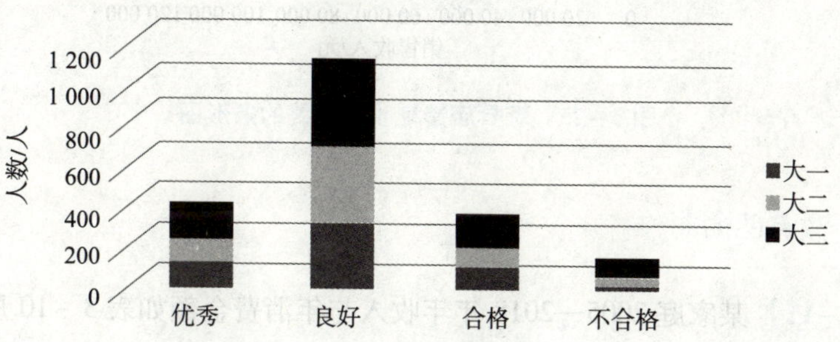

图 3 – 24 某校学生成绩的三维堆积柱形图

（三）条形图的制作

【例 3 – 10】一家玩具店，2015—2019 年的销售收入分别为 50 000 元、60 000 元、75 000 元、88 000 元和 100 000 元，使用 Excel 绘制条形图。

首先，在 Excel 工作表中输入“年份”和“销售收入”及其对应的数值。

接着，选择功能选项“插入”→“图表”，点击“条形图”，再选择其中的子图表类型（本例选择第一个）。

然后，选择条形图类型后会弹出一个空白图框，点击该图框，在上方的“图表工具”→“设计”栏中点击“选择数据”，会弹出“选择数据源”对话框。在“图表数据区域”中输入“销售收入”及其对应的数值所在区域，这时“销售收入”字样会出现在“图例项（系列）(S)”中。

对于上述条形图草图，还需要修改纵轴数据，在对话框中的“水平（分类）轴标签”下点击“编辑”，选择年份数值所在区域。

逐步点击“确定”按钮，条形图初步完成，根据需要可再次点击条形图图框，在“图表工具”→“设计”→“图表布局”中选择合适的布局进行编辑，同时也可以在条形图上需要修改的地方点击鼠标右键，选择相对应的设置格式选项，例如“设置坐标轴格式”“设置绘图区格式”“设置图表区域格式”等，进行进一步的修改和调整，最终条形图如图 3－25 所示。

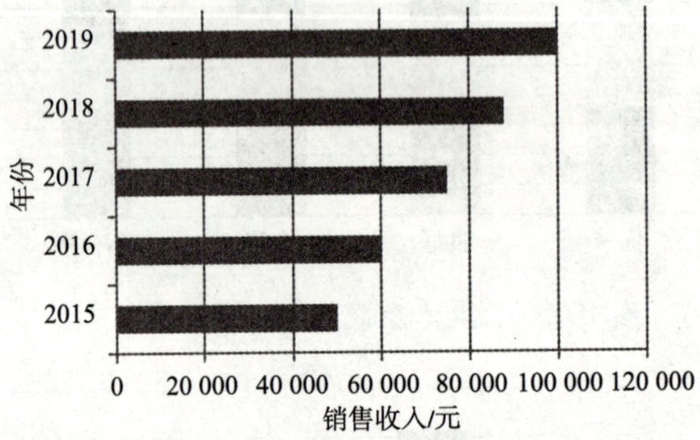

图 3－25　玩具店销售收入最终的条形图

（四）散点图的制作

【例 3－11】某家庭 2005—2018 年年收入与年消费金额如表 3－10 所示，请使用散点图对其进行简单分析。

表 3－10　某家庭 2005—2018 年年收入与年消费金额

年份	年收入/万元	年消费金额/万元
2005	20.78	15.03
2006	27.07	17.32

续表

年份	年收入/万元	年消费金额/万元
2007	37. 18	19. 82
2008	47. 35	20. 57
2009	58. 08	27. 04
2010	70. 99	30. 59
2011	80. 21	34. 41
2012	88. 13	40. 46
2013	95. 21	50. 48
2014	105. 79	65. 13
2015	119. 01	85. 73
2016	135. 21	101. 68
2017	160. 02	124. 74
2018	187. 66	138. 69

选中要进行相关分析的数据区域，然后选择“插入”选项卡，执行“图表”组内的“散点图”命令，打开“散点图”对话框。

在 Excel 提供的 5 种散点图类型中选择“仅带数据标记的散点图”，当前工作表中将会显示生成的如图 3 – 26 所示的该家庭年收入与年消费金额之间关系的散点图。可以发现，年消费金额随着年收入的增长而增长，两者之间存在明显的正相关关系。

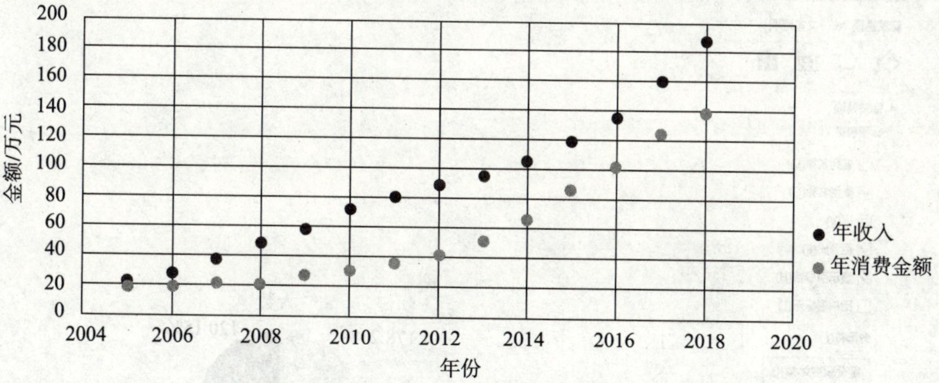

图 3 – 26　年收入与年消费金额关系散点图

（五）饼图的制作

【例 3 – 12】某高校教师职称人数分布如表 3 – 11 所示，请绘制饼图。

表 3-11　某高校教师职称人数分布

职称	人数/人
教授	120
副教授	234
讲师	256
助教	178

选择数据区域，点击“插入”选项卡，执行“图表”组内的“饼图”命令，打开“饼图”对话框，选择图表中的一种饼图，如本例选用二维饼图中的第一个，产生如图 3-27 所示的饼图。

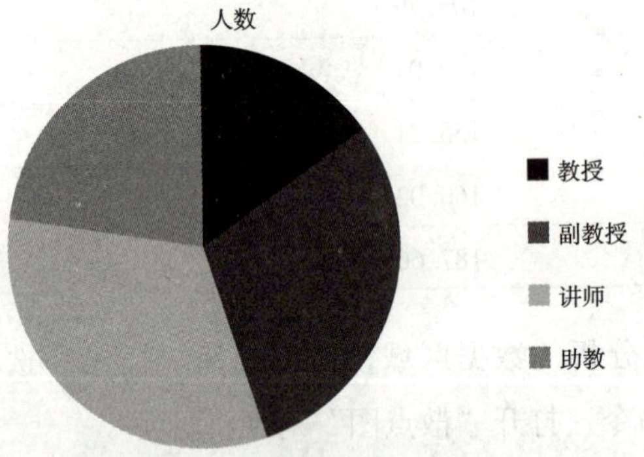

图 3-27　某高校教师职称人数分布饼图（一）

选择该饼图点击鼠标右键，设置数据标签格式，如图 3-28 所示。之后选中“类别名称”“百分比”“显示引导线”“数据标签外（O）”等，得到如图 3-29 所示的饼图。

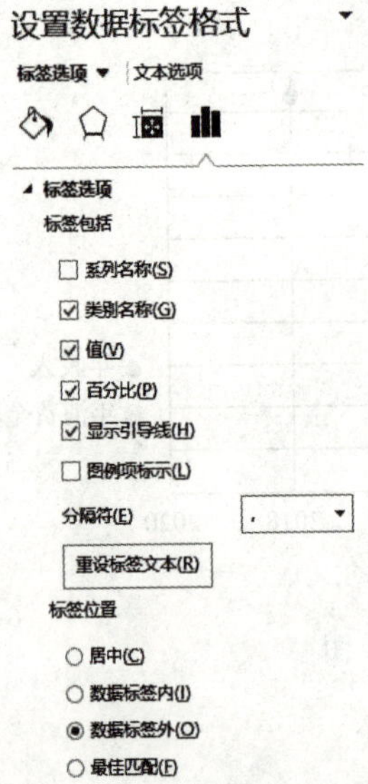

图 3-28　设置数据标签格式

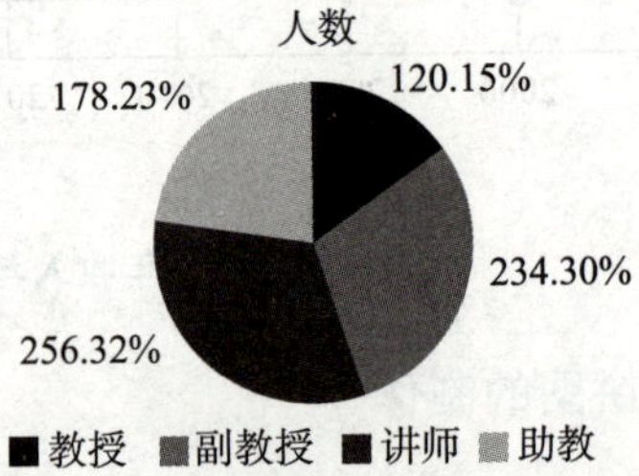

图 3-29　某高校教师职称人数分布饼图（二）

点击标题，将饼图的名称进行修改，得到完整的饼图，如图 3－30 所示。

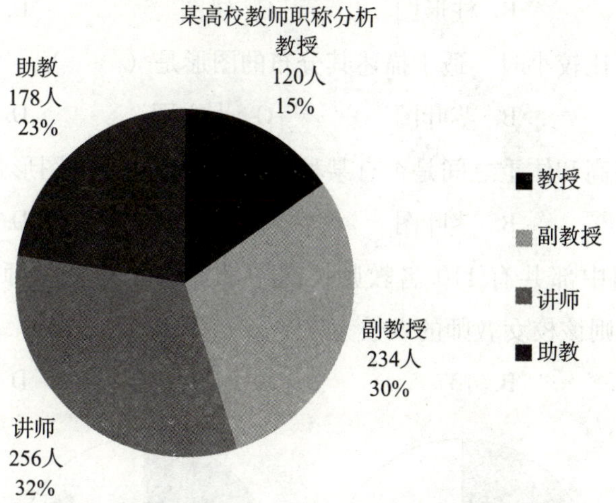

图 3－30　某高校教师职称人数分布饼图（三）

习　题　三

一、判断题

1. 与直方图相比，茎叶图没保留原始数据的信息。　　（　　）

2. 直方图与条形图的区别之一是直方图的各矩形通常是连续排列的，而条形图是分开排列的。　　（　　）

3. 一家大型公司共有员工 1 000 名，为了比较他们的收入状况，公司收集了他们 9 月份的工资数据共 1 000 个，要比较该公司员工的收入差距，用条形统计图比较简便。　　（　　）

4. 条形统计图适用于描述两个变量之间的关系。　　（　　）

5. 为了调查某市高中学生中喜欢数学的学生所占的比例，收集数据后，整理数据的方式是画饼图。　　（　　）

二、单项选择题

1. 把数据的全部类别或组都列出来，落在某一特定类别或组中的数据个数被称为（　　）

A. 频数　　B. 频率　　C. 频数分布表　　D. 累积频数

2. 下面的图形中最适于描述数值型数据分布的图形是（　　）

A. 条形图　　B. 柱形图　　C. 饼图　　D. 直方图

3. 当数据量比较小时，适于描述其分布的图形是（　　）

A. 条形图　　B. 茎叶图　　C. 直方图　　D. 饼图

4. 为了解身高和体重之间是否有某种关系，适合采用的图形是（　　）

A. 条形图　　B. 茎叶图　　C. 散点图　　D. 饼图

5. 某中学初中部共有 110 名教师，高中部共有 150 名教师，其性别比例如图 3－31 所示，则该校女教师的人数为（　　）

A. 167　　B. 137　　C. 123　　D. 93

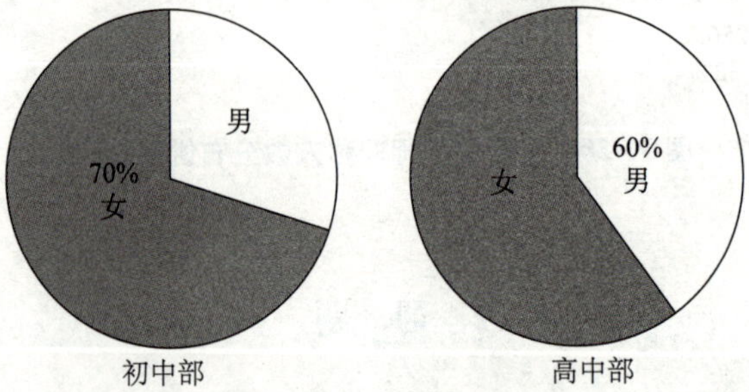

图 3－31　某中学初中部、高中部教师性别比例

6. 某校为了了解学生的课外阅读情况，随机调查了 50 名学生。得到他们在某一天课外阅读所用时间的数据，结果用如图 3－32 所示的条形统计图表示。根据条形统计图可得这 50 名学生这一天平均每人的课外阅读时间为（　　）

A. 0.6 小时　　B. 0.9 小时　　C. 1.0 小时　　D. 1.5 小时

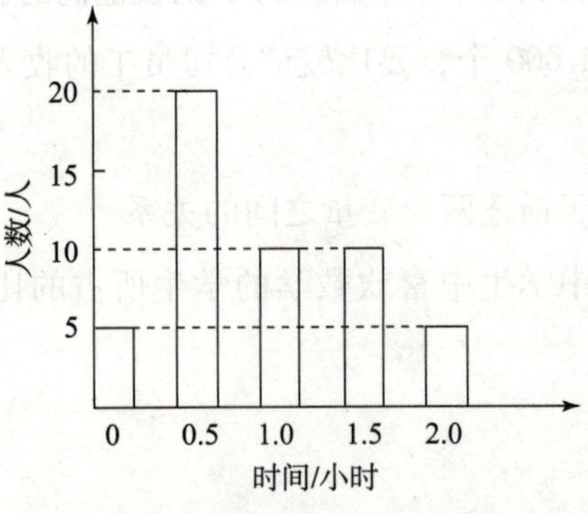

图 3－32　50 名学生课外阅读所用的时间

7. 为了调查某学院大一学生中喜欢统计学的学生所占的比例，收集数据后，整理数据的方式是（　　）

A. 画频率分布直方图　　　　B. 画茎叶图

C. 计算平均数和标准差　　　D. 画扇形图

8. 根据某运动员在某赛季各场比赛的得分制作得到了如图 3－33 所示的茎叶图，则该运动员的平均得分为（　　）

A. 31　　B. 32　　C. 33　　D. 34

1	2 5
2	4 5
3	1 1 6 6 7 9
4	4 9
5	0

图 3－33　某运动员各场比赛得分

9. 某只股票近 10 个交易日的价格分别为 4.32、4.18、4.28、4.34、4.30、4.45、4.51、4.48、4.52、4.55，单位为元。下列几种统计图中，表示这些数据较合适的是（　　）

A. 条形统计图　　　　B. 扇形统计图

C. 折线统计图　　　　D. 茎叶图

10. 某城市为了解游客人数的变化规律，提高旅游服务质量，搜集并整理了 2014 年 1 月至 2016 年 12 月期间月接待游客量（单位：万人）的数据，绘制了如图 3－34 所示的折线图。

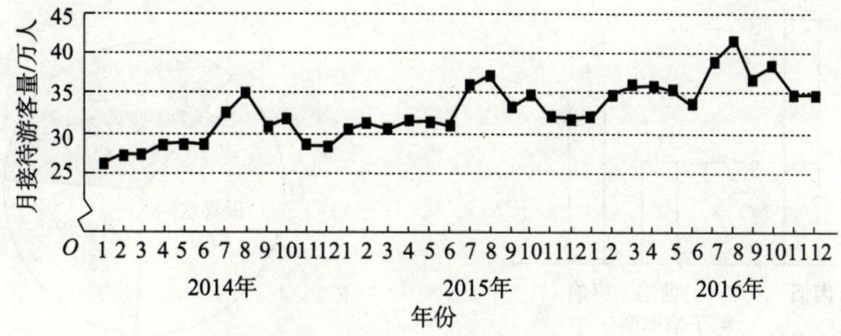

图 3－34　某城市月接待游客量折线图

根据该折线图，下列结论错误的是（　　）

A. 月接待游客量逐月增加

B. 年接待游客量逐年增加

C. 各年的月接待游客量高峰期大致在 7 月和 8 月

D. 各年 1 月至 6 月的月接待游客量相对于 7 月至 12 月，波动性更小，变化比较平稳

三、简答题

1. 设计统计表时应注意些什么？
2. 品质数据和数值数据的图示方法各有哪些？
3. 直方图与条形图有何区别？
4. 什么是频数？如何制作数值数据的频数分布表？
5. 茎叶图与直方图的区别有哪些？

四、应用能力题

1. 某校为了了解本校学生喜爱粽子的情况，随机抽取了 50 名同学进行问卷调查，经过统计后绘制了两幅尚不完整的统计图，如图 3 – 35、图 3 – 36 所示。（注：每一位同学在任何一种分类统计中只有一种选择）

请根据统计图完成下列问题。

（1）条形统计图中，喜欢糖馅粽子的人数是多少？

（2）若该校学生人数为 800 人，请根据上述调查结果，估计该校学生中“很喜欢”和“比较喜欢”粽子的人数之和。

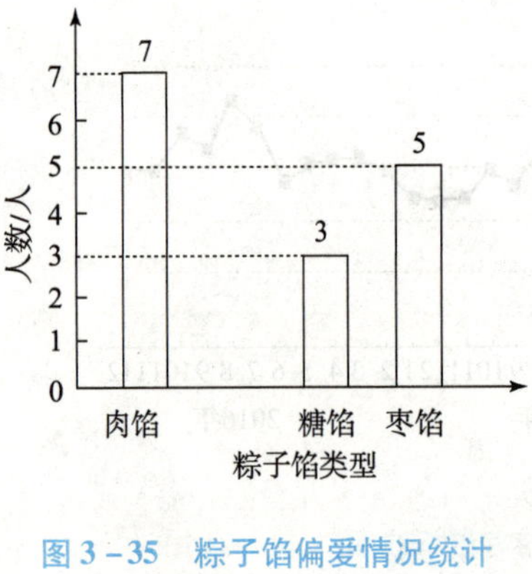

图 3 – 35　粽子馅偏爱情况统计

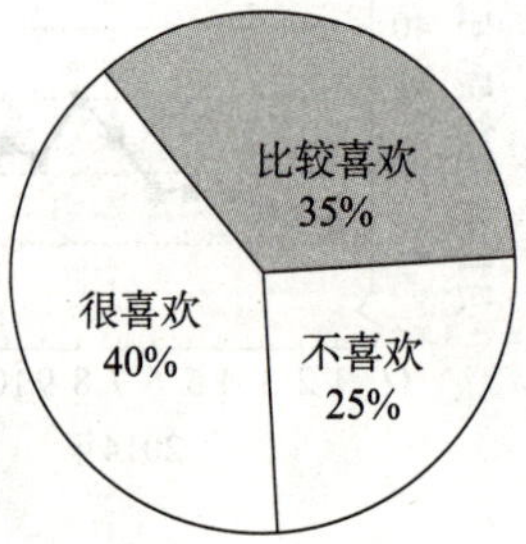

图 3 – 36　粽子喜爱情况统计

2. 某高校抽样调查了 90 名毕业生的年龄，结果如表 3 – 12 所示，请绘制各个年龄的人数统计条形图。

表 3－12　某高校毕业生年龄

年龄/岁	人数/人
20	22
21	22
22	15
23	15
24	16

3. 科学研究表明，成年人的身高和体重之间存在着某种关系。根据表 3－13 所示的体重、身高数据绘制散点图，说明这种关系的特征。

表 3－13　体重、身高数据

体重/kg	50	53	57	60	66	70	76	75	80	85
身高/cm	150	155	160	165	168	172	178	180	182	185

4. 有关部门从甲、乙两个城市所有的自动售货机中分别随机抽取了 16 台，记录了某一天上午各自的销售情况（单位：元）。

甲：18，8，10，43，5，30，10，22，6，27，25，58，14，18，30，41。

乙：22，31，32，42，20，27，48，23，38，43，12，34，18，10，34，23。

（1）请画出这两组数据的茎叶图。

（2）将这两组数据进行比较分析，你能得到什么结论？

5. 为评价家电行业售后服务质量，随机抽取 100 个家庭构成一个样本。服务质量的等级分别表示为：A. 好；B. 较好；C. 一般；D. 较差；E. 差。100 个家庭的评价结果如下。

B	E	C	C	A	D	C	B	A	E
D	A	C	B	C	D	E	C	E	E
A	D	B	C	C	A	E	D	C	B
B	A	C	D	E	A	B	D	D	C
C	B	C	E	D	B	C	C	B	C
D	A	C	B	C	D	E	C	E	B
B	E	C	C	A	D	C	B	A	E
B	A	C	D	E	A	B	D	D	C
A	D	B	C	C	A	E	D	C	B
C	B	C	E	D	B	C	C	B	C

（1）制作一张频数分布表。

（2）绘制一张条形图，反映评价等级的分布。

（3）绘制一张饼图，反映评价等级的构成。

6. 试根据本班同学的性别、籍贯、年龄等资料，编制如下统计表。

（1）主词简单分组、宾词指标复合分组的统计表。

（2）主词复合分组、宾词指标简单分组的统计表。

（3）比较分析哪一种设计更好，为什么？

第四章

平均指标与变异指标

开篇案例：哪名运动员的发挥更稳定？

在2016年的第31届里约奥运会女子10米气手枪比赛中，每个运动员首先进行每组10枪共4组的预赛，根据预赛总成绩确定进入决赛的8名运动员。首次参加奥运会的中国选手张梦雪以384环的成绩排名第七，顺利晋级。女子10米气手枪决赛包含两组150秒的3发记分射。这两组完成之后，每位决赛选手发射14发50秒的单发记分射。从第8发开始淘汰1名选手，然后每两发淘汰1名选手，直到最终决出金牌和银牌的获得者。在不需要加赛的情况下，争夺冠亚军的两位选手决赛总共射击20发。进入决赛的8名运动员的预赛成绩和决赛成绩如下表所示。

姓名	国家	预赛成绩/环	决赛成绩/环											合计/环
巴特萨拉斯基纳	俄罗斯	390	1～10发	8.5	10.9	10.1	10.3	10.0	9.7	9.7	9.6	9.3	10.1	197.1
			11～20发	9.8	10.1	10.3	9.5	10.1	9.3	10.1	10.5	9.5	9.7	
科尔舒诺娃	俄罗斯	387	1～10发	10.0	10.4	8.9	9.9	7.9	8.6	8.4	9.4			73.5
			11～20发											
克拉卡奇	希腊	387	1～10发	10.5	9.1	10.3	10.8	9.8	9.2	9.6	9.7	9.8	9.2	177.7
			11～20发	9.6	9.5	10.6	10.4	10.0	10.2	9.5	9.9			
扎瓦拉	墨西哥	387	1～10发	9.8	10.5	8.6	9.2	9.5	10.5	9.6	10.7	10.6	10.1	157.1
			11～20发	9.4	10.1	9.8	8.9	10.1	9.7					
埃尔霍霍德	埃及	386	1～10发	10.9	9.0	10.1	10.1	9.3	9.9	9.3	10.0	10.6	8.8	137.1
			11～20发	9.5	9.9	8.9	10.8							
维利克维奇	塞尔维亚	385	1～10发	9.9	8.0	9.3	10.3	8.9	8.6	9.7	10.9	10.2	10.6	96.4
			11～20发											
张梦雪	中国	384	1～10发	9.6	9.3	9.3	9.1	10.8	10.4	10.2	10.3	9.8	10.1	199.4
			11～20发	10.6	10.3	10.0	9.1	9.9	10.3	10.9	9.9	10.3	9.2	
弗兰克特	西班牙	384	1～10发	9.6	10.8	9.8	9.8	10.1	9.7	9.1	9.6	8.8	9.7	116.5
			11～20发	9.7	9.8									

从表中可见，在基础击发第一组3发子弹过后，张梦雪仅打出28.2环（9.6环、9.3环、9.3环），与弗兰克特有2环的差距。第二组3发子弹击发过后，张梦雪状态有所提升，打出30.3环（9.1环、10.8环、10.4环），与弗兰克特差距缩小到了1.3环。

最终，希腊选手克拉卡奇获得一枚铜牌，俄罗斯选手巴特萨拉斯基纳获得银牌，张梦雪平稳发挥，以总成绩199.4环夺得了中国体育代表团在里约奥运会上的首枚金牌！

由此可见，在射击比赛中，运动员能否取得好的成绩，发挥的稳定性至关重要。那么，怎样评价一名运动员的发挥是否稳定呢？

本章概述

任何统计数据的分布均具有两大特征：一是变量值的集中趋势，二是变量值的离中趋势。平均指标将变量值的差异抽象化，以反映现象的一般水平，即变量值的集中趋势。变异指标反映变量值之间的差异程度，即变量值的离中趋势。将两者有机结合起来，可以全面反映数据分布的特征。本章将介绍各描述统计量的计算方法和特点。

学习目标

知识目标：

1. 理解平均指标和变异指标的含义；
2. 掌握各种平均指标和变异指标的计算方法；
3. 了解平均指标和变异指标的作用。

能力目标：

1. 能够计算各种平均指标；
2. 能够计算各种变异指标。

第一节　平均指标

一、平均指标的概念、作用和种类

（一）平均指标的概念

平均指标是指同质总体某一标志在一定时间、地点、条件下所达到的一般水平，是总体或样本集合的代表值。统计实践中，研究总体或样本数据的分布特征，其中很重要的一点就是找出这个集合中最具有代表性的数据值是多少，或者何种数值最能代表这个集合中大多数个体所具备的水平（或称为一般性水平）。如果用总体或样本的数据在数轴上面描点，平均水平就是大多数点所在或靠近的位置，此时它就能代表总体或样本集合中的大多数取值，因而又称为代表性水平。所以，平均指标也可以理解为是反映总体或样本集合中个体标志取值最具有代表性的水平。

（二）平均指标的作用

毫无疑问，平均指标是非常重要的指标，在统计理论和实践中占据非常重要的地位。在对单个总体或样本进行考察分析时，或对多个总体的集合特征进行比较时，往往无法单独罗列样本或总体中每个个体的特征或直接对多个总体或样本中个体的特征进行一一比较。这时就必须找到各个总体或样本集合中的典型或代表性水平来反映其一般水平，据以完成对总体或样本集合的整体性认识或整体性对比。所以，平均指标是总体或样本集合的一般水平代表，方便人们从趋势上和一般水平上把握总体或样本的整体变化状态或趋势，避免局限在总体或样本所包含的个体差异当中。其作用具体表现在以下几个方面。

（1）比较同类现象在不同单位、不同地区间的平均水平，表明现象之间的横向差异。

（2）比较同类现象在不同时期的平均水平，说明现象的发展趋势或变动规律。

（3）可用于研究现象之间的依存关系。

（4）可利用平均数进行推算和预测。

（三）平均指标的分类

在理论和实践过程中，寻找平均指标值的思路主要有两种。一种是将总体或样本中的所有数据按照大小顺序排列或分组，按照所处位置来选择代表性水平，这样选出来的平均指标称为位置平均指标。如选择处于中间位置的那个数值作为代表，俗称中位数，或者选择处于另外某些位置的数（分位数）作为代表，如四分位数等。又如，可以直接选择出现次数最多的那个位置上的数值作为代表（众数）。另一种是直接考虑集合中每个数据数值的大小及其出现的次数，将它们合并起来计算平均值（平均数，包括算术平均数、几何平均数和调和平均数），此种思路得到的平均指标称为数值平均指标。下面将具体介绍这些平均指标的计算方法。

二、算术平均数

算术平均数是数值平均指标中最为常见，也最为重要的一种平均数。它的基本思路是将总体或样本中每个数据值相加，再除以数据的个数。由于所给资料的类型不同，具体算法不同，因而算术平均数可分为简单算术平均数和加权算术平均数。

（一）简单算术平均数

如果一组数据未经分组，以原始数据的形式给出来，如 x_1，x_2，…，x_n，则用简单算术平均数，计算公式如下。

$$\bar{x}=\frac{x_1+x_2+\cdots+x_n}{n}=\frac{\sum_{i=1}^{n}x_i}{n}$$

式中，x_i 为第 i 个数据，n 为数据个数，$\bar{x}$ 为算术平均数。

【例 4－1】某班有 9 名同学，他们的身高分别是 163cm、164cm、164cm、165cm、165cm、165cm、166cm、166cm、167cm，求该班同学身高的算术平均值。

该班同学身高的算术平均值为

$$\bar{x}=\frac{\sum_{i=1}^{n}x_i}{n}=\frac{163+164+164+165+165+165+166+166+167}{9}=165(\text{cm})$$

如果数据较多，可以借助 Excel 中的函数功能计算。

【例 4－2】某校高三年级甲、乙两个班级（均为 50 人）的数学测验成绩（总分：150 分）如表 4－1 所示，试确定这次考试中哪个班的数学成绩更好一些。

表 4－1　甲、乙两班数学成绩

班级	成绩/分									
甲班	112	86	106	84	100	105	98	102	94	107
	87	112	94	94	99	90	120	98	95	119
	108	100	96	115	111	104	95	108	111	105
	104	107	119	107	93	102	98	112	112	99
	92	102	93	84	94	94	100	90	84	114
乙班	116	95	109	96	106	98	108	99	110	103
	94	98	105	101	115	104	112	101	113	96
	108	100	110	98	107	87	108	106	103	97
	107	106	111	121	97	107	114	122	101	107
	107	111	114	106	104	104	95	111	111	110

可用一组数据的平均数衡量这组数据的集中水平，因此，分别求出甲、乙两个班的平均分即可。

Excel 中函数“AVERAGE”可以直接用于计算给定数据的平均数。将甲班的成绩输入工作表中 A1 : J5 区域后，在某空白单元格中输入“ = AVERAGE （A1 : J5）”，即得甲班的平均分为 101.1 分，如图 4 – 1 所示。

K5 | fx =AVERAGE(A1:J5)

	A	B	C	D	E	F	G	H	I	J	K
1	112	86	106	84	100	105	98	102	94	107	
2	87	112	94	94	99	90	120	98	95	119	
3	108	100	96	115	111	104	95	108	111	105	
4	104	107	119	107	93	102	98	112	112	99	
5	92	102	93	84	94	94	100	90	84	114	101.1

图 4 – 1　甲班平均分计算结果

用同样的方法，可以计算出乙班的平均分为 105.4 分，故这次考试成绩乙班好于甲班。

（二）加权算术平均数

若一组数据 $x_1, x_2, \cdots, x_n$ 中有 k 个不同的取值 $x_1, x_2, \cdots, x_k$，每个取值出现的次数分别为 f_i，且有 $\sum_{i=1}^{k} f_i = n$，此时算术平均数的计算就不是分子逐项相加的情形，而可以用数值与对应出现次数（这里称为权数）相乘的形式较快地获得分子总值，进而得到算术平均数。其公式如下。

$$\bar{x} = \frac{x_1 \times f_1 + x_2 \times f_2 + \cdots + x_k \times f_k}{\sum_{i=1}^{k} f_i} = \frac{\sum_{i=1}^{k} x_i \times f_i}{n}$$

式中，n 为数据个数，$\bar{x}$ 为算术平均数。

当获取的数据是组距分组数据时，就需要以各组组中值来代表各组的平均水平，以每组频数作为权数来近似计算全部数据的算术平均数，参考【例 4 – 3】至【例 4 – 5】。

【例 4 – 3】根据例【4 – 1】的数据，利用加权算术平均法求该班同学的平均身高。

$$\bar{x} = \frac{\sum_{i=1}^{k} x_i \times f_i}{\sum_{i=1}^{k} f_i} = \frac{163 \times 1 + 164 \times 2 + 165 \times 3 + 166 \times 2 + 167 \times 1}{9} = 165 \text{（cm）}$$

【例 4－4】已知某班有 100 名同学，其身高分组汇总如表 4－2 所示，试计算该班同学的平均身高。

表 4－2　某班 100 名同学身高分组汇总

身高/cm	人数 f_i/人	组中值 x_i/cm	身高总值 $x_i f_i$/cm
150 以下	4	145	580
150～160	16	155	2 480
160～170	40	165	6 600
170～180	30	175	5 250
180 以上	10	185	1 850
合计	100	—	16 760

$$\bar{x}=\frac{\sum_{i=1}^{k}x_i\times f_i}{n}=\frac{145\times4+155\times16+165\times40+175\times30+185\times10}{4+16+40+30+10}$$

$$=\frac{16\ 760}{100}=167.6\ (\text{cm})$$

此外，算术平均数还可以这样算：若组中值 x_1，x_2，…，x_n 的频率分别为 p_1，p_2，…，p_n，则平均数 $\bar{x}=\sum_{i=1}^{n}x_i\times p_i$。

【例 4－5】某单位年收入（单位：元）在 10 000～15 000、15 000～20 000、20 000～25 000、25 000～30 000、30 000～35 000、35 000～40 000 及 40 000～50 000 的职工所占的百分比分别为 10%、15%、20%、25%、15%、10% 和 5%，试估计该单位职工的平均年收入。

由题干信息可见，上述百分比就是各组的频率。

估计该单位职工的平均年收入为：

$$12\ 500\times10\%+17\ 500\times15\%+22\ 500\times20\%+27\ 500\times25\%+$$
$$32\ 500\times15\%+37\ 500\times10\%+45\ 000\times5\%=26\ 125\ (\text{元})$$

同样这里也介绍下借助 Excel 中的函数功能计算加权平均数。

【例 4－6】某单位分批购买了甲商品若干个，购买资料如表 4－3 所示，试问该商品的平均价格是多少？

表 4-3　甲商品购买资料

批次	单价/元	数量/个
第 1 批	1	300
第 2 批	3	200
第 3 批	5	300
第 4 批	4	100
合计	—	900

将数据输入 Excel 表格中，接着在空白格中输入“=(B2 * C2 +B3 * C3 +B4 * C4 + B5 * C5)/(C2 + C3 + C4 + C5)”，按“回车”键后即可得到加权平均数为 3.111 111 111，如图 4-2 所示。

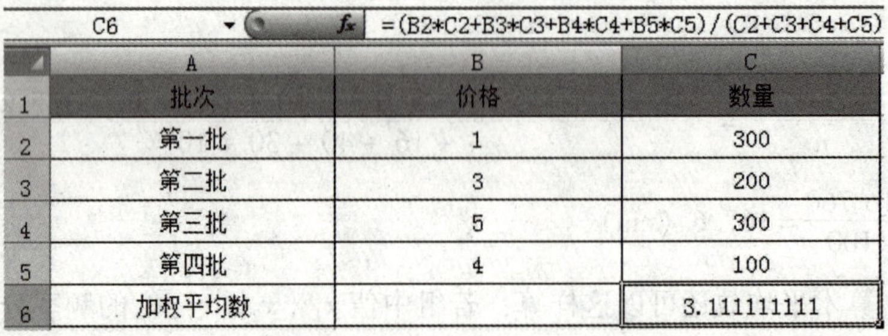
C6　=(B2*C2+B3*C3+B4*C4+B5*C5)/(C2+C3+C4+C5)

	A	B	C
1	批次	价格	数量
2	第一批	1	300
3	第二批	3	200
4	第三批	5	300
5	第四批	4	100
6	加权平均数		3.111111111

图 4-2　加权平均数计算结果

（三）算术平均数的数学性质

在数学上，容易证明算术平均数具有如下性质。

（1）一组数据与该组数据的算术平均数离差之和等于零，即有：

$$\sum_{i=1}^{n}(x_i - \bar{x}) = 0$$

（2）一组数据到其算术平均数的离差平方和比到任何其他数的离差平方和都小，即：

$$\sum_{i=1}^{n}(x_i - \bar{x})^2 \leqslant \sum_{i=1}^{n}(x_i - a)^2$$

式中，a 为任意一个数。

三、几何平均数

几何平均数通常是用来计算动态相对数的平均值的一种平均指标，如计算平均发展速度、平均收益率等。根据所给数据的具体类型，有简单几何平均数和加权几何平均数两种形式。

（一）简单几何平均数

简单几何平均数是 n 个数据 x_1，x_2，…，x_n 连乘积的 n 次方根，其计算公式如下。

$$\bar{x}_G = \sqrt[n]{x_1 x_2 \cdots x_n} = \sqrt[n]{\prod_{i=1}^{n} x_i}$$

式中，$\bar{x}_G$ 为几何平均数。

【例 4－7】某地区 2016 年的地区生产总值是 1 000 亿元，2017 年是 1 100 亿元，2018 年是 1 210 亿元，2019 年是 1 360 亿元，问近三年该地区的生产总值平均增长速度是多少？

增长速度、发展速度都是动态相对指标，求其平均表现通常要用到几何平均数。

$$\begin{aligned}\text{平均增长速度} &= \text{平均发展速度} - 1 \\ &= \sqrt[3]{\frac{1\ 360}{1\ 210} \times \frac{1\ 210}{1\ 100} \times \frac{1\ 100}{1\ 000}} - 1 \\ &= \sqrt[3]{\frac{1\ 360}{1\ 000}} - 1 \\ &= 0.107\ 9 = 10.79\%\end{aligned}$$

【例 4－8】某产品生产需要经过六道工序，每道工序的合格率分别为 98%、91%、93%、98%、98%、91%，求六道工序的平均合格率。

因为成品的合格率等于各道工序产品合格率的连乘积，因此，要用几何平均数来计算这六道工序的平均合格率。

$$\bar{x}_G = \sqrt[6]{98\% \times 91\% \times 93\% \times 98\% \times 98\% \times 91\%} = 94.78\%$$

同样地，Excel 中的函数“GEOMEAN”就是用来计算几何平均数的有力工具，只需将数据输入 Excel 表格中，然后在任意空白格处（求几何平均数结果显示的位置）点击“f_x”，此例在 A7 格中输入“＝GEOMEAN（A1：A6）”，点击“回车”键后就会得到结果，约为 0.947 8，如图 4－3 所示。

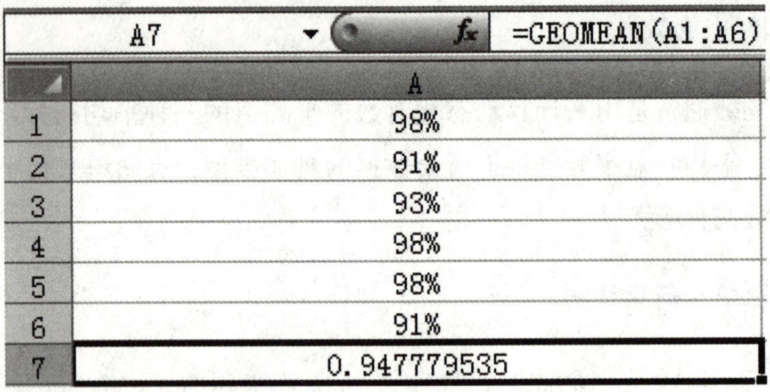

A7 | =GEOMEAN(A1:A6)

	A
1	98%
2	91%
3	93%
4	98%
5	98%
6	91%
7	0.947779535

图 4－3　几何平均数计算结果

（二）加权几何平均数

若一组数据 x_1，x_2，…，x_n 中有 k 个不同的取值 x_1，x_2，…，x_k，每个取值出现的次数分别为 f_i，且有 $\sum_{i=1}^{k} f_i = n$，则几何平均数的计算公式为：

$$\bar{x}_G = \sqrt[\sum f_i]{x_1^{f_1} x_2^{f_2} \cdots x_k^{f_k}} = \sqrt[\sum f_i]{\prod_{i=1}^{k} x_i^{f_i}}$$

【例 4－9】某地区近 20 年的经济发展速度如表 4－4 所示，试计算该地区近 20 年的经济发展平均速度。

表 4－4　某地区近 20 年的经济发展速度

发展速度 x_i	年数 f_i/年	$x_i^{f_i}$
1.02	1	1.020 0
1.05	5	1.276 3
1.07	10	1.967 2
1.10	4	1.464 1
合计	20	—

由于需要计算发展速度，根据所给数据资料的类型，可以用加权几何平均法求平均发展速度。

$$\bar{x}_G = \sqrt[\sum f_i]{x_1^{f_1} x_2^{f_2} \cdots x_k^{f_k}} = \sqrt[20]{1.02 \times 1.05^5 \times 1.07^{10} \times 1.10^4}$$

$$= \sqrt[20]{1.020\ 0 \times 1.276\ 3 \times 1.967\ 2 \times 1.464\ 1} = \sqrt[20]{3.749\ 3} = 1.068\ 3$$

$$= 106.83\%$$

四、调和平均数

调和平均数是各个参与平均的数据的倒数的算术平均数的倒数，又称为倒数平均数，一般用于计算强度相对指标的平均数。根据所给数据资料的不同，调和平均数分为简单调和平均数和加权调和平均数。

（一）简单调和平均数

一组数据 x_1，x_2，…，x_n，简单调和平均数计算公式如下。

$$\bar{x}_H = \frac{1}{\dfrac{\dfrac{1}{x_1}+\dfrac{1}{x_2}+\cdots+\dfrac{1}{x_n}}{n}} = \frac{n}{\dfrac{1}{x_1}+\dfrac{1}{x_2}+\cdots+\dfrac{1}{x_n}} = \frac{n}{\sum\limits_{i=1}^{n}\dfrac{1}{x_i}}$$

式中，$\bar{x}_H$ 为调和平均数。

【例 4－10】轮船从甲地开往乙地，去时顺水行舟，船速为每小时 100 千米，返回时逆水行舟，船速为每小时 80 千米，求轮船来回航程的平均时速。

去时船速为 100 千米/小时，则行驶 1 千米需要 1/100 小时；返回时船速为 80 千米/小时，则行驶 1 千米需要 1/80 小时。由于来回航程相同，因此平均每千米需要行驶$\frac{1}{2}\left(\frac{1}{100}+\frac{1}{80}\right)$小时，轮船的来回平均时速为：

$$\bar{x}_H = \frac{1}{\dfrac{1}{2}\left(\dfrac{1}{100}+\dfrac{1}{80}\right)} = \frac{2}{\dfrac{1}{100}+\dfrac{1}{80}} = 88.89\text{（千米/小时）}$$

或者按照强度相对指标的具体含义来求解，直接用调和平均数的计算公式（设甲乙两地相距 a 千米）。

$$\text{平均时速}\ \bar{x}_H = \frac{n}{\sum\limits_{i=1}^{n}\dfrac{1}{x_i}} = \frac{\text{总里程}}{\text{总时间}} = \frac{2a}{\dfrac{a}{100}+\dfrac{a}{80}} = \frac{2}{\dfrac{1}{100}+\dfrac{1}{80}} = 88.89\text{（千米/小时）}$$

（二）加权调和平均数

若以 m_i 代表 x_1，x_2，…，x_n 中对应数据 x_i 的权数，则加权调和平均数的公式如下。

$$\bar{x}_H = \frac{1}{\dfrac{\dfrac{1}{x_1}m_1+\dfrac{1}{x_2}m_2+\cdots+\dfrac{1}{x_n}m_n}{m_1+m_2+\cdots+m_n}} = \frac{m_1+m_2+\cdots+m_n}{\dfrac{1}{x_1}m_1+\dfrac{1}{x_2}m_2+\cdots+\dfrac{1}{x_n}m_n} = \frac{\sum\limits_{i=1}^{n}m_i}{\sum\limits_{i=1}^{n}\dfrac{m_i}{x_i}}$$

【例4-11】某商人先后买入了三批鸡蛋，但花费和购买量均不相同，第一批购买单价为10元/千克，共花费了1 000元人民币；第二批购买单价为8元/千克，共花费了1 600元人民币；第三批购买单价为12元/千克，共花费了1 200元人民币。试问该商人三批鸡蛋的平均进货价格是多少？

此时要看价格这种强度相对指标的平均表现，由于所给条件并没有给出每批鸡蛋的购买数量，可以用加权调和平均的方法来计算平均价格。

$$\bar{x}_H = \frac{\sum_{i=1}^{n} m_i}{\sum_{i=1}^{n} \frac{m_i}{x_i}} = \frac{\text{总价值}}{\text{总数量}} = \frac{1\ 000 + 1\ 600 + 1\ 200}{\frac{1\ 000}{10} + \frac{1\ 600}{8} + \frac{1\ 200}{12}} = 9.5(\text{元/千克})$$

五、众数

众数，顾名思义，就是一组数据中出现次数最多的一个或几个数，通常以符号 M_0 表示。众数的使用是有条件的，当数据量较大，且数据分布有明显的集中趋势时，可以使用众数；当数据量很少，且数据分布无明显的集中趋势时，就不宜使用众数。

确定众数时，需要首先将资料分组。若按单个变量值进行分组，出现次数最多的那个变量值就是众数。众数可能存在，也可能不存在。而且，一组数据也有可能存在多个众数。

如果所给资料是组距式分组资料，则首先确定众数所在组，然后根据公式来计算众数值。具体公式分为下限公式和上限公式两种。

$$\text{下限公式：} M_0 = L + \frac{\Delta_1}{\Delta_1 + \Delta_2} \times i$$

$$\text{上限公式：} M_0 = U - \frac{\Delta_2}{\Delta_1 + \Delta_2} \times i$$

式中，L 代表众数组的下限值，U 代表众数组的上限值，Δ_1 代表众数组次数与前一组次数之差，Δ_2 代表众数组次数与后一组次数之差，i 代表众数组的组距。

【例4-12】在7.4，7.2，7.1，7.4，7.3，7.5，7.4中，众数就是出现次数最多的7.4。

【例4-13】在7.1，7.2，7.3，7.4，7.5，7.6中，就不存在众数。

【例4-14】在7.1，7.2，7.2，7.2，7.3，7.4，7.5，7.5，7.5，7.6中，有7.2和7.5两个众数，它们分别出现了3次。

【例4-15】计算表4-5所给出的数据资料中100名学生的身高众数。

表 4-5 某班 100 名同学身高分组汇总

身高/cm	人数/人
150 以下	4
150 ~ 160	16
160 ~ 170	40
170 ~ 180	30
180 以上	10
合计	100

根据资料，众数落在第三组，则 $L = 160, U = 170, i = 10, \Delta_1 = 40 - 16 = 24$，$\Delta_2 = 40 - 30 = 10$。

按照下限公式，$M_0 = L + \frac{\Delta_1}{\Delta_1 + \Delta_2} \times i = 160 + \frac{24}{24 + 10} \times 10 = 167.06$（cm）

按照上限公式，$M_0 = U - \frac{\Delta_2}{\Delta_1 + \Delta_2} \times i = 170 - \frac{10}{24 + 10} \times 10 = 167.06$（cm）

所以这 100 名同学的身高众数是 167.06cm。

注：这里为了方便学习，把上限公式和下限公式均演示了一遍，实际操作中只需用一个公式计算即可。

六、中位数

一组数据 x_1，x_2，…，x_n，将其按照由大到小或者由小到大顺序排列，居于中间那个位置的数据就是该组数据的中位数，通常以符号 M_e 表示。显然，一组数据中总有一半数据的值不超过 M_e，也有一半数据的值不小于 M_e，且不受极端值的影响。因此，中位数有着明确的实际含义，在很多场合下都适用。中位数的具体确定方法因所给的数据资料不同而有所差异。

（一）非组距式分组资料

对于未分组的原始数据 $x_1, x_2, \cdots, x_n$ 或单变量值分组资料，首先将它们按照降序或升序排列。若 n 为奇数，处于 $\frac{n+1}{2}$ 位置的数即为所求的中位数。若 n 为偶数，则处于 $\frac{n}{2}$ 和 $\frac{n}{2}+1$ 两个位置的数的算术平均数为中位数。

【例 4-16】某班 5 名同学身高分别为 165cm、163cm、164cm、167cm、

166cm，求中位数。

该班5 名同学的身高数值由小到大排序为 163cm，164cm，165cm，166cm，167cm，中间位置为$\frac{5+1}{2}=3$，其中位数为165cm。

【例 4－17】某班 6 名同学身高分别为 165cm、163cm、164cm、167cm、166cm、168cm，求中位数。

该班6 名同学身高数值由小到大排序为163，164，165，166，167，168，中间位置为$\frac{6}{2}=3$和$\frac{6}{2}+1=4$两个位置，即为排在第三位的 165 和第四位的 166 的算术平均数，即中位数为 165. 5cm。

（二）组距式分组资料

假设数据资料被分成 k 组，每组频数对应为 f_k，且有 $\sum_{i=1}^{k} f_i = n$。

首先确定中位数所在位置 $O_m = \frac{\sum_{i=1}^{k} f_i}{2} = \frac{n}{2}$，然后确定位置所在组，该组即中位数所在的组。

中位数的计算公式也分为两个。

$$\text{下限公式：} M_e = L + \frac{\frac{n}{2} - S_{m-1}}{f_m} \times i$$

$$\text{上限公式：} M_e = U - \frac{\frac{n}{2} - S_{m+1}}{f_m} \times i$$

式中，L 代表中位数组的下限值，U 代表中位数组的上限值，f_m 代表中位数组的频数，i 代表中位数组的组距，S_{m-1} 为中位数组前面各组的累计频数，S_{m+1} 为中位数组后面各组的累计频数。

【例 4－18】计算表 4－5 中给出的 100 名同学身高的中位数。

根据资料，中位数位置为$\frac{100}{2}=50$，应该落在第三组，则 $L=160$，$U=170$，$i=10$，$S_{m-1}=4+16=20$，$S_{m+1}=30+10=40$。

按照下限公式，$M_e = L + \frac{\frac{n}{2} - S_{m-1}}{f_m} \times i = 160 + \frac{50-20}{40} \times 10 = 167.5$（cm）

按照上限公式，$M_e = U - \dfrac{\dfrac{n}{2} - S_{m+1}}{f_m} \times i = 170 - \dfrac{50-40}{40} \times 10 = 167.5$ (cm)

所以这 100 名同学的身高中位数是 167.5cm。

注：这里为了方便学习，把上限公式和下限公式均演示了一遍，实际操作中只需用一个公式计算即可。

第二节　变异指标

平均指标作为总体或样本集合的代表性值，具有一般性和代表性，但它不能表现或代表集合内部的个体之间的差异。实际上，两个平均水平相同的总体或样本的内部差异可能很大。为了反映总体或样本集合内部个体特征之间的差异，必须引入变异指标。

一、变异指标的概念

变异指标，就是反映总体或样本内各单位特征差异程度大小的指标。变异指标在统计研究中具有重要意义。如果说平均指标可以反映数据分布的集中位置，那么变异指标就可以反映数据分布的离散程度。两种指标结合起来就可以更加全面地认识总体或样本数据的分布特征。

二、变异指标的作用

变异指标在不同的场合有着不同的作用，这里只简单介绍以下几种。

（一）变异指标是衡量平均指标代表性的重要尺度

平均指标作为总体或样本中各单位某一标志的代表性水平，其代表性的高低取决于各个单位在这一标志上表现的差异程度。差异程度越大，即变异指标值越高，则平均指标的代表性越低；差异程度越小，即变异指标值越低，则平均指标的代表性越高。

（二）变异指标可以衡量现象变动的稳定性和均衡程度

在质量管理中，通常用变异指标来衡量或测定生产线或产品质量特性的稳定性。一般来说，产品的某项质量指标的差异程度越小，其质量特性越稳定，就越容易获得满足质量要求的产品。另外，反映收入分配差距的变异指标可以反映一个国家或地区的发展均衡程度。

（三）变异指标反映指标的波动程度，可以用来衡量风险的大小

用来衡量资产价格波动的变异指标，如反映股票价格波动和房地产价格波动的指标，在投资学中扮演着衡量投资风险的重要角色。

三、几种常用的变异指标

常用的变异指标有全距、平均差、方差、标准差、变异系数、偏度和峰度系数。

（一）全距（极差）

全距是一组数据中最大值与最小值之差，反映了数据值在这组数据中的最大波动程度或范围。因为全距是这组数据中两个极端值之差，所以又称为极差，一般以 R 表示，其计算公式为：

$$R = x_{\max} - x_{\min}$$

式中，$x_{\max}$ 为该组数据中的最大值，$x_{\min}$ 为该组数据中的最小值。

显然，全距只受两个极端值的影响，无法反映数据组的内部差异，对数据变异程度的测定是相当粗略的。但是由于计算简便，可以用来快速分析数据的离散程度。

【例 4 - 19】 某班 5 名同学身高分别是 161cm、162cm、179cm、168cm、165cm，则该班同学身高的全距是多少？

该组身高最大值是 179cm，最小值是 161cm，所以全距是 179 - 161 = 18（cm）。

（二）平均差（平均绝对离差）

平均差，又称为平均绝对离差，是一组数据中各个数据到其算术平均数离差的绝对值的算术平均数。它综合反映了整组数据的变异程度，利用了全部的数据信息，因而比全距更能客观全面地反映数据的离散程度。平均差越大，则数据离散程度越大，反之则离散程度越小。其基本的计算公式如下。

$$A.D. = \frac{\sum_{i=1}^{n} |x_i - \bar{x}|}{n}$$

虽然平均差比全距更能全面反映数据整体的离散程度，但由于公式中加入了绝对值符号，在数学上处理起来不方便，在实践中并不常用。

（三）方差

方差是测度数据差异程度最为重要、最为常用的指标。由于平均差的绝对值符号不好处理，利用平方的方法去掉绝对值符号，平均差就变成了方差，即各个数据到其算术平均数离差的平方的算术平均数。对总体而言，方差记为 σ^2 ，其公式如下。

$$\sigma^2 = \frac{\sum_{i=1}^{N}(x_i - \mu)^2}{N} \qquad (4-1)$$

式中，N 是总体规模，μ 是总体的均值。

对样本数据 $x_1, x_2, \cdots, x_n$ 而言，样本方差记为 S^2 ，计算公式如下。

$$S^2 = \frac{\sum_{i=1}^{n}(x_i - \bar{x})^2}{n} \qquad (4-2)$$

式中，n 是样本容量，$\bar{x}$ 是样本均值。

对于组距式分组资料，方差的计算基本思路和式（4－1）与式（4－2）一样，只是此时需要用各组的频数作为权重来计算加权平均数。

（四）标准差

方差虽然避免了平均差的绝对值符号的问题，但是带来了一个新问题，即其结果将数据的计量单位变成了平方形式，缺乏实际意义。为了解决这个问题，就有了将方差取正的平方根的办法，即标准差，此时其计量单位就变得和原始数据或平均值一样了。

对总体而言，标准差为：

$$\sigma = \sqrt{\frac{\sum_{i=1}^{N}(x_i - \mu)^2}{N}}$$

对样本而言，标准差为：

$$S = \sqrt{\frac{\sum_{i=1}^{n}(x - \bar{x})^2}{n}}$$

【例 4-20】甲、乙两种水稻试验品种连续 5 年的平均单位面积产量如表 4-6 所示，试根据这组数据估计哪一种水稻品种的质量比较稳定。

表 4-6 甲、乙两种水稻试验品种连续 5 年的平均单位面积产量 吨

品种	产量				
	第 1 年	第 2 年	第 3 年	第 4 年	第 5 年
甲	9.8	9.9	10.1	10	10.2
乙	9.4	10.3	10.8	9.7	9.8

经计算甲、乙两种水稻产量的平均数都是 10，要研究水稻品种质量的稳定性，则需要分别计算甲、乙两种水稻产量的方差。

$$S_{甲}^2=[(9.8-10)^2+(9.9-10)^2+(10.1-10)^2+(10-10)^2+(10.2-10)^2]\div 5=0.02(\text{吨})$$

$$S_{乙}^2=[(9.4-10)^2+(10.3-10)^2+(10.8-10)^2+(9.7-10)^2+(9.8-10)^2]\div 5=0.244(\text{吨})$$

因为 $0.244>0.02$，所以，甲种水稻的产量比较稳定。

【例 4-21】为了保护学生的视力，教室内的日光灯在使用一段时间后必须更换。已知某校使用的 100 只日光灯在必须换掉前的使用天数如表 4-7 所示，试估计这种日光灯的平均寿命和标准差。

表 4-7 日光灯使用情况

使用天数/天	151~180	181~210	211~240	241~270	271~300	301~330	331~360	361~390
日光灯数/个	1	11	18	20	25	16	7	2

为计算方便，用每一区间内的组中值作为相应日光灯的使用寿命，分别是：165.5，195.5，225.5，255.5，285.5，315.5，345.5，375.5。由此算得平均数约为：$165.5\times1\%+195.5\times11\%+225.5\times18\%+255.5\times20\%+285.5\times25\%+315.5\times16\%+345.5\times7\%+375.5\times2\%=268.4\approx268$（天）

这些组中值的方差为：$\frac{1}{100}\times[1\times(165.5-268.4)^2+11\times(195.5-268.4)^2+18\times(225.5-268.4)^2+20\times(255.5-268.4)^2+25\times(285.5-268.4)^2+16\times(315.5-268.4)^2+7\times(345.5-268.4)^2+2\times(375.5-268.4)^2]=2\ 128.60$

故所求的标准差为 $\sqrt{2\ 128.6}\approx46$（天）

同样，对于上述计算，我们可以借助 Excel 中的函数，可用“VARP”和

“STDEV”计算方差和标准差，但是该题中每一区间的组中值出现次数不同，类似于加权，在运用 Excel 函数计算时需要做一些调整。

具体做法为：先将组中值和对应的权数输入表格 A1 至 B8 中，在 C1 格中输入“=A1*B1”，点击“回车”键，即出现结果 1.655。选中该格，出现“+”时下拉至 C8，可以得到每格的数据。在 C9 格中输入求和函数“=SUM（C1:C8）”，点击“回车”键后就得到平均数为 268.4。将该数值填入 D1 至 D8，接着在 E1 中输入“=(A1-D1)^2”，点击“回车”键后得到数据 10 588.41。鼠标放至该格，待出现“+”时下拉，依次可得 D2 至 D8 的数据。同理，F1 至 F8 的数据则是 E 格数据与对应 B 格数据的乘积，然后同样用求和函数计算“=SUM（F1:F8）”，就得到了 F9 格中显示的方差值了。最后的标准差则是应用平方根函数“SQRT”对 F9 计算一下就可以。具体计算结果如图 4-4 所示。

G9　　fx　=SQRT(F9)

	A	B	C	D	E	F	G
1	165.5	0.01	1.655	268.4	10588.41	105.8841	
2	195.5	0.11	21.505	268.4	5314.41	584.5851	
3	225.5	0.18	40.59	268.4	1840.41	331.2738	
4	255.5	0.2	51.1	268.4	166.41	33.282	
5	285.5	0.25	71.375	268.4	292.41	73.1025	
6	315.5	0.16	50.48	268.4	2218.41	354.9456	
7	345.5	0.07	24.185	268.4	5944.41	416.1087	
8	375.5	0.02	7.51	268.4	11470.41	229.4082	
9			268.4			2128.59	46.13664

图 4-4　日光灯平均寿命与标准差计算结果

（五）变异系数

上面介绍的各种变异指标，包括全距、平均差和标准差，都是用绝对数表示的指标，它们均与原始数据或平均值有着相同的计量单位，也可以称为数据的绝对差异程度指标。这些变异指标的值不仅与数据本身的变异程度有关，也受数据量纲和计量单位的影响。在统计实践中，如果要比较多组数据的离散程度的差异，若各组数据的计量单位和量纲不一样，平均水平也不一样，就不能直接采用上述绝对变异指标来衡量，这时必须采用相对变异指标（即变异系数）来进行分析。

变异系数又称为离散系数，它是各种变异指标与同组数据的算术平均数对比得到的相对数，反映该组数据的相对离散程度，通常用百分数表示。例如，平均差与算术平均数对比得到平均差系数，标准差与算术平均数对比得到标准差系数。最常用的是标准差系数。

对总体数据而言，标准差系数为

$$CV=\frac{\sigma}{\mu}\times 100\%$$

式中，σ 是总体标准差；μ 是总体均值。

对样本数据而言，标准差系数为：

$$CV=\frac{s}{\bar{x}}\times 100\%$$

式中，s 是样本标准差；$\bar{x}$ 是样本均值。

【例 4-22】 某班有 5 名同学，其身高分别以米（m）和厘米（cm）为单位计量。试计算两种情形下的平均差、方差、标准差和变异系数，试比较两种计量单位情形下的离散程度。

（1）以米（m）为单位的身高：1.50、1.60、1.70、1.80、1.90。

（2）以厘米（cm）为单位的身高：150、160、170、180、190。

计算第（1）组数据。

首先，5 名同学的平均身高是：

$$\bar{x}=\frac{\sum_{i=1}^{n}x_i}{n}=\frac{1.5+1.6+1.7+1.8+1.9}{5}=1.70\ (\text{m})$$

因此，平均差是：

$$\begin{aligned}A.D._1&=\frac{\sum_{i=1}^{n}|x_i-\bar{x}|}{n}\\&=\frac{|1.5-1.7|+|1.6-1.7|+|1.7-1.7|+|1.8-1.7|+|1.9-1.7|}{5}\\&=\frac{0.2+0.1+0+0.1+0.2}{5}=0.12\ (\text{m})\end{aligned}$$

方差是：

$$S_1^2=\frac{\sum_{i=1}^{n}(x_i-\bar{x})^2}{n}=\frac{0.1^2\times 2+0.2^2\times 2+0}{5}=\frac{0.1}{5}=0.02\ (\text{m}^2)$$

标准差是：

$$S_1=\sqrt{0.02}\approx 0.1414\ (\text{m})$$

变异系数是：

$$CV_1=\frac{S_1}{\bar{x}_1}=\frac{0.1414}{1.70}\times 100\%=8.32\%$$

类似地，可以计算得到第（2）组数据各项指标。

均值：$\bar{x}_2 = 170$（cm）

平均差：$A.D._2 = 12$（cm）

方差：$S_2^2 = 200$（cm^2）

标准差：$S_2 = 14.14$（cm）

变异系数：$CV_2 = \frac{S_2}{\bar{x}_2} = \frac{15.81}{170} \times 100\% = 8.32\%$。

从上述计算结果可以看到，对于同一组数据，计量单位不一样，其平均差和标准差的数值就相差100倍，而方差更是相差10 000倍。如果用这些绝对变异指标来比较不同计量单位的同一组数据的离散程度，就会得出差异程度也相差百倍或万倍的错误结论。而此时如果使用变异系数，就会发现变异系数消除了计量单位和量纲的影响，两种计量单位情形下，变异系数取值完全一样，说明其离散程度本质是一样的。

以上标准差等几种变异指标是从指标数值的角度反映一组数据值的差异程度，但无法反映数据形成的次数分布（总体分布或经验分布）的形状特征，如偏斜程度和陡峭程度，下面引入偏度和峰度系数两个指标。

（六）偏度

一组数据的分布数列中，如果频数分布是完全对称的，则称为对称分布；如果不完全对称，则称为非对称分布或偏态分布。反映数据统计分布偏斜方向和程度的指标即为偏度。

偏态分布有左偏分布和右偏分布两种，这是相对于对称分布而言的。在三种分布类型中，它们的算术平均数 $\bar{x}$ 、中位数 M_e 和众数 M_0 有着一定的关系。具体而言有以下几种情形，如图4－5所示。

（1）对称分布时，有 $\bar{x} = M_e = M_0$。

（2）右偏分布时，有 $\bar{x} > M_e > M_0$。

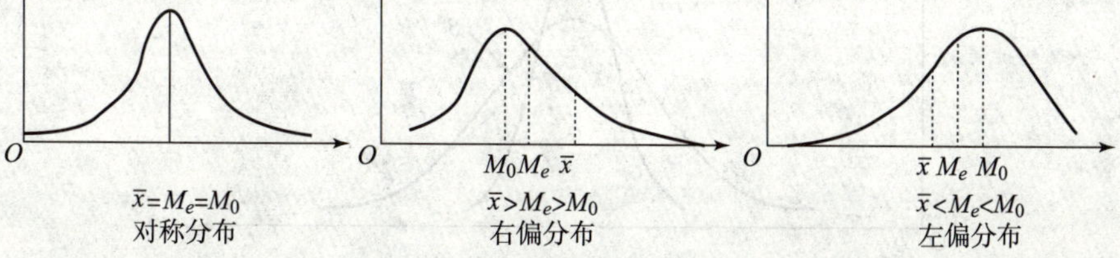

图4－5 对称分布与偏态分布

(3) 左偏分布时，有 $\bar{x} < M_e < M_0$。

偏度的测定有多种方法，这里简单介绍利用算术平均数与众数进行比较得到偏度的方法。

如上述，在非对称分布中，算术平均数、中位数和众数相互分离，中位数一般位于二者之间，此时算术平均数与众数的距离就可以用来测定偏度，即：

$$偏度 = 算术平均数 - 众数 = \bar{x} - M_0$$

这是偏度的绝对量，若为正值，则为右偏分布；若为负值，则为左偏分布；若为零，则为正态分布。偏度绝对值越大，说明偏斜程度越大。但是不同的数据分布，其计量尺度不一样。若要比较偏斜程度，用绝对偏度并不恰当，需要偏度系数这个相对指标，即偏度除以数据的标准差，通常以 SK_P 表示，计算公式为：

$$SK_P = \frac{\bar{x} - M_0}{S}$$

（七）峰度系数

峰度系数是用来衡量数据分布的集中程度或分布曲线的尖耸程度的指标，计算公式为：

$$\beta = \frac{m_4}{S^4}$$

式中，$m_4 = \frac{\sum (x - \bar{x})^4 f}{\sum f}$，称为四阶中心动差，$S$ 是样本数据标准差。

衡量数据统计分布的集中程度或分布曲线的尖耸程度是以标准正态分布为参考的。标准正态分布曲线的峰叫正态峰，对应的峰度系数 $\beta = 3$，如图 4－6 中的 B 分布曲线所示；若某分布计算出来的 $\beta > 3$，表示分布曲线的形状比标准正态分布要更陡峭、更集中，称为尖顶峰，如图 4－6 中的 A 分布曲线所示；若某分布计算

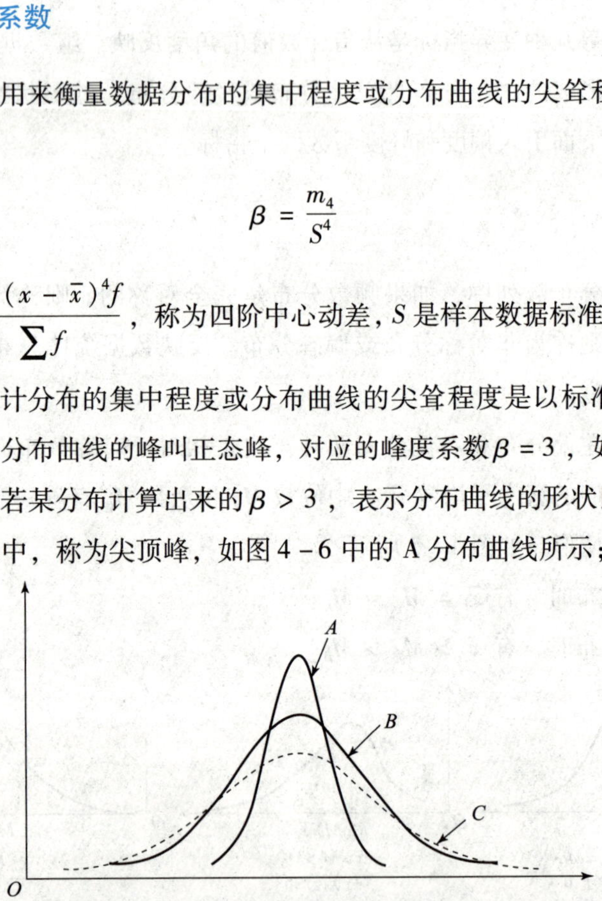

图 4－6　不同峰度的分布曲线

出来的$\beta<3$，表示分布曲线的形状比标准正态分布要更平缓、更分散，称为平顶峰，如图4-6中的C分布曲线所示。

由于偏度和峰度的计算较复杂，本章仅建议掌握偏度和峰度的概念及计算公式。

习题四

一、判断题

1. 计划完成程度大于100%表示超额完成计划，小于100%表示未完成计划。 ( )

2. 权数对算术平均数的影响作用取决于权数本身绝对值的大小。 ( )

3. 以国有商业企业为总体，则所有的国有商业企业的总数就是总体单位总量，所有的国有商业企业的职工人数、商品流转额、利税额的合计就是标志总量。 ( )

4. 众数是总体中出现最多的次数。 ( )

5. 总体单位总量与总体标志总量可以随研究对象的变化而变化。 ( )

6. 我国某地区人均粮食产量为420千克，这一指标是平均指标。 ( )

7. 国民收入中积累额与消费额之比为1:3，这是一个比较相对指标。 ( )

二、单选题

1. 直接反映总体规模大小的指标是（ ）

A. 平均指标　B. 相对指标　C. 总量指标　D. 变异指标

2. 由反映总体各单位数量特征的标志值汇总得出的指标是（ ）

A. 总体单位总量　B. 总体标志总量　C. 质量指标　D. 相对指标

3. 某企业工人劳动生产率计划提高5%，实际提高了10%，则提高劳动生产率的计划完成程度为（ ）

A. 104.76%　B. 95.45%　C. 200%　D. 4.76%

4. 某厂2004年完成产值200万元，2005年计划增长10%，实际完成231万元，则超额完成计划为（ ）

A. 15.5%　B. 5.5%　C. 115.5%　D. 5%

5. 标志变异指标中易受极端数值影响的是（ ）

A. 全距　　B. 平均差　　C. 标准差　　D. 标准差系数

6. 计算平均指标最常用的方法和最基本的形式是（　）

A. 调和平均数　　B. 算术平均数　　C. 众数　　D. 中位数

三、简答题

1. 什么叫平均指标？它有什么作用？
2. 不同的平均指标各适用什么场合？
3. 什么叫变异指标？它有什么作用？
4. 为什么要计算变异系数？它有什么作用？
5. 什么叫偏度？怎样判断统计数据分布的偏斜程度？
6. 什么叫峰度系数？怎样判断统计数据分布的峰度？

四、应用能力题

1. 某企业工人日产量的分组资料如表 4－8 所示。

表 4－8　某企业工人日产量分组资料

日产量/千克	人数/人	
	9 月	10 月
20 以下	20	10
20～30	35	20
30～40	30	25
40～50	10	30
50 以上	5	15
合计	100	100

（1）根据表中数据计算 9 月和 10 月该企业工人的日产量的算术平均数、中位数和众数。

（2）试根据（1）中三种平均指标的关系，比较 9 月和 10 月该企业工人日产量分布的偏斜程度。

（3）分别计算两个月日产量的平均差、标准差和标准差系数，试比较两个月工人日产量的波动程度。

2. 某地农贸市场只销售三种蔬菜，分别为胡萝卜、小白菜和冬瓜。某日销售价格和销售额分别为：胡萝卜 4 元/千克，销售了 4 000 元；小白菜 5 元/千克，销售了 10 000 元；冬瓜 2 元/千克，销售了 1 000 元。

试问，该日该市场销售出去的蔬菜平均价格是多少？

3. 某大型连锁超市 2015—2019 年的年销售额如表 4－9 所示。

表 4－9　某超市 2015—2019 年的年销售额

年份	2015	2016	2017	2018	2019
销售额/亿元	1.000	1.169	1.200	1.300	1.331

试根据上表资料计算该超市 2015—2019 年年销售额的平均增长速度。

4. 甲地区最近 10 天的空气质量指数（0～50 表示良好，50～100 表示适中）为：30、40、50、40、30、55、60、65、35、45。

（1）计算这组数据的全距、平均数、中位数、方差和标准差。

（2）若乙地区同期空气质量指数平均值为 43，标准差为 12，试对两地近 10 天的空气质量状况进行比较。

5. 某企业 400 名工人各种奖金的发放情况如表 4－10 所示。

表 4－10　工人奖金发放情况

金额/千元	2	4	6	8	10
人数/人	40	80	110	90	80

（1）计算每名工人的平均奖金以及奖金的中位数与众数。

（2）计算该组数据的极差和方差。

6. 某企业 2003 年某产品单位成本为 520 元，2004 年计划规定在上年的基础上单位成本降低 5%，实际降低了 6%，试确定 2004 年单位成本的计划数和实际数，并计算 2004 年成本计划的完成程度。

7. 一种产品需要人工组装，有三种可供选择的组装方法，为检验哪种方法更好，随机抽取 15 名工人，让他们在相同时间内分别用三种方法组装，结果如表 4－11 所示。

表 4－11　工人用三种方法组装的时间

方法	组装时间/min														
A	164	167	168	165	170	165	164	168	164	162	163	166	167	166	165
B	129	130	129	130	131	130	129	127	128	128	127	128	128	125	132
C	125	126	126	127	126	128	127	126	127	127	125	126	116	126	125

（1）应该采用哪些方法来评价组装方法的优劣？

（2）如果让你选择一种组装方法，你会怎样选择？为什么？

第五章

相关分析与回归分析

开篇案例：子代与父代一样吗?

高尔顿（Francis Galton）被誉为现代回归和相关技术的创始人。1875 年，高尔顿利用豌豆实验来确定遗传规律。他挑选了 7 组不同尺寸的豌豆，并说服他在英国不同地区的朋友每一组种植 10 粒种子，最后把原始的豌豆种子（父代）与新长的豌豆种子（子代）进行尺寸比较。当结果出来后，他发现并非每一个子代都与父代一样，不同的是，尺寸小的豌豆会得到更大的子代，而尺寸大的豌豆却得到较小的子代。高尔顿把这一现象叫“返祖”（趋向于祖先的某种平均类型），后来又称之为“向平均回归”。一个总体中在某一时期具有某一极端特征（低于或高于总体均值）的个体在未来的某一时期将减弱它的极端性（单个个体或者是整个子代），这一趋势被称为“回归效应”。人们发现它的应用很广，而不仅限于豌豆从一代到下一代的问题。

正如高尔顿进一步发现的那样，平均来说，非常矮小的父辈倾向于有偏高的子代，而非常高大的父辈则倾向于有偏矮的子代。在第一次考试中成绩最差的那些学生在第二次考试中倾向于有更好的成绩（比较接近所有学生的平均成绩），而第一次考试中成绩最好的学生在第二次考试中则倾向于有较差的成绩（同样比较接近所有学生的平均成绩）。平均来说，第一年利润最低的公司第二年的利润不一定会最差，而第一年利润最高的公司第二年的利润则不一定会是最好的。

如果把父代和子代看成两个变量，找出这两个变量的关系，并根据这种关系建立适当的数学模型，就可以根据父代的数值预测出子代的取值，这就是经典的回归分析法。

本章概述

在自然界和人类社会中，许多现象或事物彼此之间都是相互联系、相互依赖和相互制约的。某一现象的存在和发展，一方面影响着周围一些事物的存在和发展，另一方面又受周围一些事物的影响和制约。相关分析与回归分析，就是研究和解释现象与现象、事物与事物彼此之间依存度、关联度和因果关系的统计方法。随着计算机科学的不断发展，在统计学、数量经济学的研究中，相关分析与回归分析已成为内容越来越丰富、方法越来越先进、计算越来越简便、地位越来越重要的现代统计方法。

学习目标

知识目标：

1. 理解函数关系和相关关系的含义；
2. 掌握一元线性相关分析和一元线性回归分析的方法。

能力目标：

1. 能够识别相关关系；
2. 能够进行一元线性相关分析；
3. 能够进行一元线性回归分析与预测。

第一节　相关分析与回归分析的基本概念

一、相关的概念与种类

经济现象之间客观上存在着各种各样的有机联系，一种经济现象的发展变化必然受与之相联系的其他现象发展变化的制约与影响。这种依存关系可以分成函数关系和相关关系两大类。

（一）函数关系

函数关系是指现象之间存在着严格的依存关系。在这种关系中，对于某一变量的每一个数值，都有另一变量的确定值与之相对应，并且这种关系可用一个数学表达式反映出来。例如，$y = px$，即在价格 p 为一定的条件下，商品销售额 y 与销售量 x 的依存关系；$S = \pi r^2$，即圆的面积 S 与半径 r 的依存关系。

（二）相关关系

相关关系是指现象之间存在着非严格的、不确定的依存关系。这种依存关系的特点是，某一现象在数量上发生变化会影响另一现象数量上的变化，而且这种变化在数量上具有一定的随机性，即当给定某一现象一个数值时，另一现象会有若干个数值与之对应，并且总是遵循一定规律，围绕这些数值的平均数上下波动，其原因是，影响现象发生变化的因素不止一个。例如，影响工业总产值的因素除了职工人数外，还有固定资产原值、流动资金和能源供应状况等因素。

相关关系与函数关系是既有区别又有联系的两个概念。

两者的区别是：函数关系所反映的现象之间的具体关系值固定，自变量与因变量在数量上一一对应；而相关关系所反映的现象之间的具体关系值不固定，有关现象变动在数量上不是一一对应的，具有一定的随机性。

两者的联系是：函数关系中的有些自变量与因变量由于观测或实验出现误差，其关系值也不可能绝对固定，有时也通过相关关系来反映；相关关系也可用函数表达式来近似地反映现象之间的数量依存关系。当随机因素不存在时，相关关系就变为函数关系。因此，函数关系是相关关系的特殊形式。

（三）相关关系的种类

现象之间的相关关系可以从不同的角度进行分类。

1. 按变量的多少分类

相关关系按变量的多少可以分为单相关、复相关和偏相关。

单相关是指两个变量之间的相关关系，例如，耐用消费品销售量与居民货币收入之间的关系。复相关是指三个及三个以上变量之间的相关关系，例如，消费基金与国内生产总值及平均人口的相关关系。偏相关是指某一现象与多种现象相关时，假定其他变量不变，只研究其中两个变量之间的相关关系，例如，某市彩电销售量与其价格及该市居民人均收入相关，假定该市居民人均收入不变，只考虑彩电销售量与其价格水平的关系就是一种偏相关。

2. 按相关形式分类

相关关系按相关形式可以分为线性相关和非线性相关。

线性相关又称直线相关，是指相关的两个变量对应值的散布点在直角坐标图上围绕直线波动的关系，例如，耐用消费品销售量与居民货币收入之间的关系。非线性相关又称曲线相关，是指相关的两个变量对应值的散布点在直角坐标图上围绕曲线波动的关系，例如，农作物单位面积产量与施肥量之间的关系。

3. 按相关方向分类

相关关系按相关方向可以分为正相关和负相关。

正相关是指两个变量之间的变化方向一致，呈一致增长或一致下降趋势，例如，耐用消费品销售量与居民货币收入之间的关系。负相关是指两个变量之间的变化方向相反，即一个呈下降（上升）而另一个呈上升（下降）趋势，例如，某商店的商品流通费用率与销售额之间的关系。

4. 按相关程度分类

相关关系按相关程度的高低可以分为完全相关、不相关和不完全相关。

完全相关是指两个变量之间有确定的函数关系。在这种情况下，完全相关关系就成为函数关系。不相关是指两个变量之间各自独立，不存在依存关系。不完全相关是指两个有联系的变量，当一个变量变化时另一个变量也随之发生变化，但两者不存在严格的函数关系。不完全相关介于完全相关与不相关之间。由于社会经济现象的数量表现多数具有随机性质，因此它们之间的关系通常表现为不完全相关。

5. 按变量间的依存关系分类

相关关系按变量之间的依存关系还可以分为单向因果关系、互为因果关系和分不清因果的依存关系。

单向因果关系是指两变量之间因果分明、不能互相转化的相关关系，例如，农作物单位面积产量与施肥量之间的关系。互为因果关系是指两变量之间互相影响、互相转化的相关关系，例如，身高与体重之间的关系。分不清因果的依存关系是指两变量之间只存在互相联系而并不存在明显的因果关系，例如，工业总产值与耗电量之间的关系。

6. 按变量之间的真假关系

相关关系按变量之间的真假关系，可以分为真实相关和虚假相关。真实相关是指两个变量之间的相关关系确实存在并且具有内在的联系。耐用消费品销售量与居民货币收入之间的关系，以及某商品的商品流通费用率与销售额之间的关系，都是真实相关。虚假相关是指两个变量之间的相关只是表面存在，实质上并没有内在的联系，例如，有人将历年捕鲸量与股票价格指数合在一起，得出负相关的结论；将卷烟销售量与人的平均寿命合在一起，得出正相关的结论等。这些结论显然是非常荒谬的，属于虚假相关。

二、回归的概念与种类

（一）回归的概念

回归最初是遗传学中的一个名词，是由英国生物学家兼统计学家高尔顿首先提出来的。他在研究人类的身高时，发现高个子父母的子女身高有低于其父母身高的趋势，而矮个子父母的子女身高往往有高于其父母身高的趋势。从整个发展趋势看，高个子回归于人口的平均身高，而矮个子则从另一方向回归于人口的平均身高。"回归"这一名词，从此便一直为生物学和统计学所沿用。

回归的现代概念与过去大不相同。一般来说，回归是研究自变量与因变量之间关系形式的分析方法，目的在于根据已知自变量来估计和预测因变量的总平均值。例如，农作物单位面积产量与施肥量、降雨量和气温有依存关系，通过对这一依存关系的分析，在已知施肥量、降雨量和气温的条件下，可以预测农作物的单位面积产量。

（二）回归方程的种类

现象之间的回归方程可以从不同的角度进行分类，常用的分类如下。

1. 按变量的多少分类

回归方程按变量的多少可以分为一元回归方程和多元回归方程。

一元回归方程是根据某一因变量与一个自变量之间的相关关系建立的方程，例如，根据耐用消费品销售量与居民货币收入的相关关系建立回归方程。多元回归方程是根据某一因变量与两个或两个以上自变量之间的相关关系建立的回归方程，例如，某种商品的销售额不仅受到居民货币收入的影响，还受到人口数等因素的影响，可以建立二元回归方程。又如，根据农作物单位面积产量与施肥量、降雨量、气温的相关关系，可以建立三元回归方程。

2. 按是否线性分类

回归方程按是否线性可以分为线性回归方程和非线性回归方程。

在线性回归方程中，因变量与自变量的关系是直线型的，例如，耐用消费品销售量与居民货币收入的关系。在非线性回归方程中，因变量与自变量的关系是曲线型的，例如，某商店的商品流通费用率与销售额的关系。

3. 按是否有滞后关系分类

回归方程按是否有滞后关系可以分为自身回归方程和无自身回归现象的回归方程。

自身回归方程是指一个变量自身随时间的不同，其值在前后期（前一期或前几期）之间表现出一定的依存关系，如某些水果的产量有大小年之分，本年的产量与前年的产量有关。

此外，回归方程按是否带虚拟变量可分为普通回归方程和带虚拟变量回归方程。

三、相关分析与回归分析的异同

相关分析与回归分析均为研究两个或两个以上变量之间关系的方法。相关分析是研究两个或两个以上随机变量之间相互依存关系的方向和密切程度的方法，直线相关用相关系数表示，曲线相关用相关指数表示，多元相关用复相关系数表示。回归分析是研究某一因变量与一个或几个自变量之间数量关系变动趋势的方法。由回归分析求出的关系称为回归方程。相关分析与回归分析的区别是：相关分析研究的都是随机变量，并且不分自变量与因变量；回归分析研究的变量要定出自变量与因变量，并且自变量是确定的普通变量，因变量是随机变量。相关分析与回归分析的联系是：它们是研究现象之间相互依存关系的两个不可分割的方面。在实际工作中，一般先进行定性的相关分析，然后计算相关系数，列出适当的回归方程，进行显著性检验等，最后用回归方程进行推算或预测。

四、相关分析与回归分析的作用

相关分析与回归分析既可用来分析同一时期的变量数列（静态分析），也可用来分析不同时期的时间数列（动态分析），在社会经济分析中具有重要作用。

（1）可以研究经济现象之间的相关形式、相关方向和密切程度，认识其数量变化的规律性。

（2）可以对经济现象进行推算和预测，鉴往知来，为制定经济政策和管理决策提供科学依据。

五、相关分析与回归分析的步骤

相关分析与回归分析的步骤一般有以下几步。

（1）进行相关关系的定性分析。

（2）确定回归方程。

（3）计算相关系数或相关指数，对回归方程变量之间的相关性进行显著性检验。

（4）利用回归方程进行推算和预测。

（5）对推算和预测作出置信区间估计。

第二节　一元线性相关分析

相关表与相关图是研究相关关系的直观工具。一般在详细的定量分析前，可以先利用它们对现象之间存在的相关关系的方向、形式和密切程度做出大致的判断。

一、相关表

相关表是将若干个变量的多组数据按照其中一个变量的大小顺序排列并编排在一张表格中所形成的统计表格。根据相关变量是否分组，相关表分为简单相关表和分组相关表。

（一）简单相关表

简单相关表是指对两个变量的数据资料不分组，直接将各组数据按照其中一个变量排序之后的结果进行编排所形成的相关表。在资料项数比较少的情况下通常采用简单相关表。

【例5－1】对某社区10户居民家庭2019年的月可支配收入和消费支出进行调查，得到原始资料，如表5－1所示。

表5－1　某社区10户居民家庭2019年的月可支配收入和消费支出

居民家庭编号	1	2	3	4	5	6	7	8	9	10
可支配收入（x）/百元	25	18	60	45	62	88	92	99	75	98
消费支出（y）/百元	20	15	40	30	42	60	65	70	53	78

根据以上原始资料，将可支配收入按从小到大的顺序排列，可编制相关表，如表5－2所示。

表5－2　居民收入和消费相关表　　百元

可支配收入 x	18	25	45	60	62	75	88	92	98	99
消费支出 y	15	20	30	40	42	53	60	65	78	70

从表5-2可以看出，随着月可支配收入的提高，居民的消费支出也有相应提高的趋势，两者之间存在明显的正相关关系。

（二）分组相关表

分组相关表是指先将一个或两个变量的数据进行分组，然后将分组结果按照其中一个变量的大小顺序排在同一张表格中所形成的相关表。按分组情况，分组相关表又可分为单变量分组相关表和双变量分组相关表。

1. 单变量分组相关表

单变量分组相关表是指只对两个变量中的一个变量进行分组，并计算各组的次数，而对另一个变量不进行分组，只计算其各组平均水平所形成的相关表，如表5-3所示。

表5-3 单变量分组相关表示例

商品销售额/万元	商店数/个	流通费用率/%
40以下	14	9.81
40~80	22	7.90
80~120	38	7.32
120~160	44	7.00
160~200	66	6.80
200~240	50	6.71
240~280	34	6.66
280~320	26	6.60
320以上	10	6.65

2. 双变量分组相关表

双变量分组相关表是指同时对两个变量都进行分组并将分组结果按一定方式编排所形成的相关表。如果两个相关变量变动均较为复杂，则可根据分析需要，同时对两个变量进行分组。具体做法是：首先分别确定自变量和因变量的组数，按组数设计表格；然后分别计算各组的次数，并将次数置于对应的空格中。双变量分组相关表示例如表5-4所示。

表 5-4 双变量分组相关表示例

单位产量 y/（百千克·公顷①$^{-1}$）	化肥施用量 x/（百千克·公顷$^{-1}$）							田块合计
	3.0～4.5	4.5～6.0	6.0～7.5	7.5～9.0	9.0～10.5	10.5～12.0	12.0以上	
82.5～90.0							2	2
75.0～82.5					1	3	1	5
67.5～75.0					2	2		4
60.0～67.5				3				3
52.5～60.0			1	2	2			5
45.0～52.5		1	2	1				4
37.5～45.0		2	1					3
30.0～37.5	1	1	1					3
22.5～30.0	1							1
田块合计	2	4	5	6	5	5	3	30

二、相关图

对于两个变量之间相关关系的分析，常用的方法是相关图法。所谓相关图法，就是将具有相关关系的两列成对的变量值，在直角坐标图上标出其散布点（坐标点），以其散布点的分布状况来判别相关形式、相关方向和密切程度的方法。先用相关图对数列进行分析，可以为正确选择回归分析的数学表达式提供依据。两变量之间的几种相关图形如图 5-1 所示。

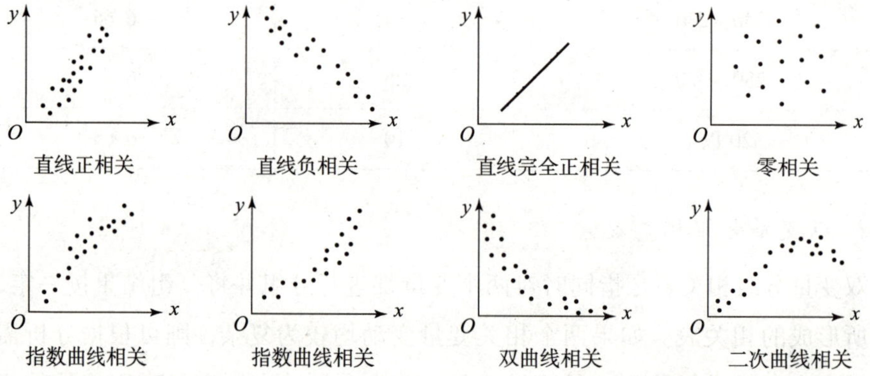

图 5-1 相关图

---

① 1 公顷 = 10 000 平方米。

三、相关系数

（一）相关系数的含义

相关系数是在直线相关条件下，说明两个变量之间相关关系密切程度的统计分析指标，通常用 R 来表示。

相关系数比相关表和相关图更能表现相关的形式和程度。如果某一因变量受若干个自变量影响，则可以分别计算因变量与每一个自变量的相关系数，对若干个相关系数加以比较就可以找到对因变量具有决定作用的因素。因此，相关系数对判断变量之间相关关系的密切程度具有重要的意义。

相关系数的取值范围为 $-1 \leqslant R \leqslant 1$。相关系数为正值，表示正相关；相关系数为负值，表示负相关；相关系数的绝对值的大小表示相关程度的高低。

当 $R=0$ 时，说明回归变差为0，自变量 x 的变动对总变差毫无影响，这种情况称为零相关。

当 $|R|=1$ 时，说明回归变差等于总变差，总变差的变化完全由自变量 x 的变化引起，这种情况称为完全相关。这时，自变量 x 与因变量 y 的关系已转化为函数关系。

当 $0<|R|<1$ 时，说明自变量 x 的变动对总变差有部分影响，这种情况称为普通相关。其中，R 的绝对值愈大，表示相关程度愈高。一般情况下，当 $|R| \geqslant 0.8$，即 $R^2 \geqslant 0.64$ 时，说明自变量 x 的变动对总变差的影响占一半以上，称为高度相关；当 $|R|<0.3$，即 $R^2<0.09$ 时，说明自变量 x 的变动对总变差的影响小于9%，称为微弱相关；当 $0.3 \leqslant |R| \leqslant 0.8$ 时，说明自变量 x 的变动对总变差的影响程度在9%~64%，又分为低度相关与显著相关。一般将相关系数的值及对应的相关关系密切程度分成四个等级，如表5-5所示。

表5-5　相关系数及对应的相关关系密切程度

相关系数的绝对值 $\|R\|$	相关关系密切程度
0.3以下	微弱相关
0.3~0.5	低度相关
0.5~0.8	显著相关
0.8~1.0	高度相关

（二）单相关分析的特点

在线性相关分析中，采用相关系数来测定两变量之间的联系程度的方法，称为单相关分析，也称直线相关分析。它具有以下几个特点。

（1）两个变量是对等关系。单相关分析研究的两个变量不分彼此，不反映任何自变量和因变量的关系，是完全对等的关系。

（2）只能算出一个相关系数。相关系数是一个绝对值在0与1之间的系数，其值的大小反映两个变量之间相关关系的密切程度，由于两个变量是对等关系，因此，改变两个变量的地位不影响相关系数的数值。

（3）相关系数有正负号，分别表示正相关和负相关。

（4）相关的两个变量都是随机变量。

（三）相关系数的计算

在相关分析与回归分析中，要正确判别变量之间的相互关系，计算相关系数是至关重要的。为了阐明相关系数的性质，需要从变差的分析开始。

1. 离差平方和的分解

在一元线性回归方程中，观测值 y 的取值大小是上下波动的，这种波动现象称为变差。变差的产生由两方面引起：①受自变量变动的影响，即 x 的不同取值；②受其他因素（包括观测和实验中产生的误差）的影响。为了分析这两方面的影响，需要对总变差进行分解。

对每一个观测值来说，变差的大小可以通过该观测值 y 与其算术平均数的离差来表示，而全部观测值的总变差可由这些离差的平方和来表示。

$$L_{yy} = \sum (y - \bar{y})^2$$

式中，L_{yy} 为总变差。

$$\text{因为 } L_{yy} = \sum (y - \bar{y})^2 = \sum [(y - \hat{y}) + (\hat{y} - \bar{y})]^2$$

$$= \sum (y - \hat{y})^2 + \sum (\hat{y} - \bar{y})^2 + 2\sum (y - \hat{y})(\hat{y} - \bar{y})$$

由于上式交叉项等于零，故总变差为：

$$L_{yy} = \sum (y - \bar{y})^2 = \sum (y - \hat{y})^2 + \sum (\hat{y} - \bar{y})^2$$

式中，$\hat{y}$ 表示预测值。

或记为：$L_{yy} = Q + U$。

式中，U 称为回归变差（或回归平方和），它是通过 x 与 y 的线性关系由自变量 x 的变动而引起的；Q 称为剩余变差（或残差平方和），它是由观测和实验中产生的误差及其他未加控制的因素引起的。

2. 可决系数 R^2

可决系数是回归变差与总变差之比，是评价两个变量之间线性相关关系强弱的一个重要指标。其计算公式为：

$$R^2 = \frac{\sum(\hat{y}-\bar{y})^2}{\sum(y-\bar{y})^2} = 1 - \frac{\sum(y-\hat{y})^2}{\sum(y-\bar{y})^2}$$

3. 相关系数 R

相关系数是可决系数的平方根，它是一元线性回归分析中用来衡量两个变量之间相关关系密切程度的重要指标。相关系数有两种定义方法。

（1）根据总变差定义，即直接将可决系数 R^2 开根号的方法。

$$R = \sqrt{\frac{\sum(\hat{y}-\bar{y})^2}{\sum(y-\bar{y})^2}} = \sqrt{1 - \frac{\sum(y-\hat{y})^2}{\sum(y-\bar{y})^2}}$$

（2）根据积差法定义，即将 $\hat{y} = b_0 + b_1x$ 和 $\bar{y} = b_0 + b_1\bar{x}$ 代入上式，整理得出相关系数的方法。

$$R = \frac{\sum(x-\bar{x})(y-\bar{y})}{\sqrt{\sum(x-\bar{x})^2}\sqrt{\sum(y-\bar{y})^2}}$$

由于根据积差法定义的相关系数不需要先求回归方程的剩余变差，可以直接从样本数据中计算得到，所以在实际计算中用得较为广泛。用积差法计算相关系数计算量仍然较大，因此，根据平均数的数学性质可将其简化。

$$R = \frac{n\sum xy - \sum x\sum y}{\sqrt{n\sum x^2 - (\sum x)^2} \times \sqrt{n\sum y^2 - (\sum y)^2}}$$

【例 5－2】 根据表 5－2 中居民家庭的月可支配收入和消费支出的调查资料，计算相关系数 R，令 y 为消费支出，x 为可支配收入，利用定义公式计算，如表 5－6 所示。

表 5－6 居民家庭的月可支配收入和消费支出的相关系数计算

x	y	$x-\bar{x}$	$y-\bar{y}$	$(x-\bar{x})^2$	$(y-\bar{y})^2$	$(x-\bar{x})(y-\bar{y})$
18	15	－48.2	－32.3	2 323.24	1 043.29	1 566.86
25	20	－41.2	－27.3	1 697.44	745.29	1 124.76

续表

x	y	$x-\bar{x}$	$y-\bar{y}$	$(x-\bar{x})^2$	$(y-\bar{y})^2$	$(x-\bar{x})(y-\bar{y})$
45	30	-21.2	-17.3	449.44	299.29	366.76
60	40	-6.2	-7.3	38.40	53.29	45.26
62	42	-4.2	-5.3	17.60	28.09	22.26
75	53	8.8	5.7	77.44	32.49	50.16
88	60	21.8	12.7	475.24	161.29	276.86
92	65	25.8	17.7	665.64	313.29	456.66
99	70	32.8	22.7	1 075.84	515.29	744.56
98	78	31.8	30.7	1 011.49	942.49	976.26
$\bar{x}=66.2$	$\bar{y}=47.3$	$\sum(x-\bar{x})=0$	$\sum(y-\bar{y})=0$	$\sum(x-\bar{x})^2=7\,831.52$	$\sum(y-\bar{y})^2=4\,134.1$	$\sum(x-\bar{x})(y-\bar{y})=5\,630.4$

$$R=\frac{\sum(x-\bar{x})(y-\bar{y})}{\sqrt{\sum(x-\bar{x})^2}\sqrt{\sum(y-\bar{y})^2}}=\frac{5\,630.4}{\sqrt{7\,831.52\times4\,134.1}}=\frac{5\,630.4}{5\,690.02}$$

$$\approx0.987\,9$$

若使用简化后的简捷公式，就不需要计算两个变量数列的平均值与离差，可减少差错，如表 5－7 所示。

表 5－7　用简捷公式计算居民家庭的月可支配收入和消费支出的相关系数

x	y	x^2	y^2	xy
18	15	324	225	270
25	20	625	400	500
45	30	2 025	900	1 350
60	40	3 600	1 600	2 400
62	42	3 844	1 764	2 604
75	53	5 625	2 809	3 975
88	60	7 744	3 600	5 280
92	65	8 464	4 225	5 980
99	70	9 801	4 900	6 930
98	78	9 604	6 084	7 644
$\sum x=662$	$\sum y=473$	$\sum x^2=51\,656$	$\sum y^2=26\,507$	$\sum xy=36\,933$

$$R=\frac{n\sum xy-\sum x\sum y}{\sqrt{n\sum x^2-(\sum x)^2}\times\sqrt{n\sum y^2-(\sum y)^2}}$$
$$=\frac{10\times 36\ 933-662\times 473}{\sqrt{10\times 51\ 656-(662)^2}\times\sqrt{10\times 26\ 507-(473)^2}}$$
$$\approx\frac{56\ 204}{279.85\times 203.3}\approx\frac{56\ 204}{56\ 893.5}\approx 0.987\ 9$$

计算结果说明，居民消费支出与可支配收入存在高度正相关关系。所以 x 和 y 线性相关关系显著，可进行回归分析。

第三节　一元线性回归分析

一元线性回归分析是对两个具有线性关系的变量，研究其相关性，配合线性回归方程，并根据自变量的变动来推算和预测因变量平均发展趋势的方法。

一、回归分析的内容

回归分析的具体内容包括两个方面。

（一）确定现象之间相关关系的数学模型

回归分析的目的之一就是根据一个现象的变动对另一个现象的变动做出数量上的判断，测定变量间的一般数量变化关系，即建立描述现象间相关关系的数学模型——回归方程，用函数关系式近似地表现相关关系，进而找出现象间相互依存关系变量上的规律性，作为判断、推算、预算的根据。

（二）测定数学模型的拟合度

数学模型是现象间相关关系的数量描述形式，模型拟合的精度直接影响着统计分析结论的精确性。因此，在模型建立后，需要对其精确度进行检验。统计上一般是通过计算估计标准误差来测定精确度的。估计标准误差小，说明模型的拟合精度高，进行统计分析结论的可靠性就大；相反，估计标准误差大，说明模型的拟合精度低，则统计分析结论的可靠性就低。

二、一元线性回归模型的估计和检验

在相关图分析的基础上，可以选择一定的回归方程式进行定量分析。对两个具有线性关系的变量，配合线性回归方程，并根据自变量的变动来测定因变量平均发展趋势的分析方法，称为一元线性回归分析，也称简单直线回归分析。它是回归分析中最基本、最常用的方法。

（一）构建一元线性回归方程应具备的条件

一般情况下，构建一元线性回归方程应具备以下几个条件。

1. 现象间存在数量上的相互依存关系

只有当两个变量存在比较密切的相关关系时，所构建的回归方程才有意义，用此进行分析和预测才有价值。

2. 现象间存在线性相关关系

一元线性回归方程在图形上表现为一条直线。因此，只有当两个变量的相关关系表现为直线相关时，所配合的直线方程才是对客观现实的真实描述，才可用此进行统计分析。如果现象间的相关关系表现为曲线，却配合为直线，就必然会得出错误的分析结论。

3. 具备一定数量的变量观测值

一元线性回归方程是根据自变量和因变量的样本观测值求得的，因此，变量 x 和变量 y 都应有一定数量的对应观测值，这是构建直线方程的依据。如果观测值太少，受随机因素的影响较大，就不易观察出现象间的变动规律性，所求出的回归方程也就没有意义。

（二）一元线性回归方程

设 x 为自变量，y 为因变量，y 与 x 之间存在某种线性关系，其一元线性回归方程为：

$$\hat{y} = b_0 + b_1 x$$

式中，b_0 和 b_1 是两个待定参数，也称回归系数。其中 b_0 是直线在 y 轴上的截距，当 $x = 0$ 时，$\hat{y} = b_0$；b_1 是直线 $\hat{y}$ 的斜率，它表明自变量增加（或减少）一个单位，因变量相应增加（或减少）多少。当 $b_1 > 0$ 时，x 与 y 为正相关；当 $b_1 < 0$ 时，x 与 y 为负相关。

（三）一元线性回归分析的特点

（1）两个变量的地位不是对等关系。在进行回归分析时，必须根据研究目的确定哪个变量是自变量、哪个变量是因变量。

（2）因变量为随机变量；而自变量为非随机变量，是可以预先给定或控制的变量。

（3）回归方程可以利用自变量的给定值来推算因变量的相应值，它反映的是自变量与因变量之间的具体变动关系。

（4）回归系数 b_1 可正可负，正号说明两变量为正相关；负号说明两变量为负相关。

（四）OLS 估计

估计方程的回归系数有许多方法，其中使用最广泛的是最小平方法（Ordinary Least Square，OLS），下面我们采用最小平方法来估计方程的回归系数。

最小平方法的中心思想，是通过数学方程配合一条较为理想的趋势线，这条趋势线必须满足两个条件：原数列的观测值与方程的估计值的离差平方和为最小；原数列的观测值与方程的估计值的离差总和为零。

现以公式表示如下。

$$\sum(y-\hat{y})^2 = \text{最小值}$$

$$\sum(y-\hat{y}) = 0$$

式中，y 代表原数列的观测值，$\hat{y}$ 代表回归估计方程的估计值。

令 $Q=\sum(y-\hat{y})^2=\sum(y-b_0-b_1x)^2$，根据极值原理，为使 Q 具有最小值，对 b_0 和 b_1 分别求偏导数，并令其等于零，即：

$$\frac{\partial Q}{\partial b_0} = -2\sum(y-b_0-b_1x) = 0$$

$$\frac{\partial Q}{\partial b_1} = -2\sum(y-b_0-b_1x)x = 0$$

整理出两个标准方程：

$$\sum y = nb_0 + b_1\sum x$$

$$\sum xy = b_0\sum x + b_1\sum x^2$$

对上面两等式联立求解，解出回归系数 b_0、b_1 分别为：

$$b_0 = \frac{\sum y}{n} - b_1\frac{\sum x}{n}$$

$$b_1=\frac{n\sum xy-\sum x\sum y}{n\sum x^2-(\sum x)^2}$$

【例 5－3】根据表 5－2 居民家庭的月可支配收入和消费支出的调查资料，进行一元线性回归分析，确定回归方程。

根据消费支出与可支配收入之间的关系，令消费支出为因变量 y，可支配收入为自变量 x，直线回归方程参数计算如表 5－8 所示。

表 5－8　居民家庭的月可支配收入和消费支出的回归方程参数计算

x	y	x^2	y^2	xy
18	15	324	225	270
25	20	625	400	500
45	30	2 025	900	1 350
60	40	3 600	1 600	2 400
62	42	3 844	1 764	2 604
75	53	5 625	2 809	3 975
88	60	7 744	3 600	5 280
92	65	8 464	4 225	5 980
99	70	9 801	4 900	6 930
98	78	9 604	6 084	7 644
$\sum x=662$	$\sum y=473$	$\sum x^2=51\ 656$	$\sum y^2=26\ 507$	$\sum xy=36\ 933$

$$b_1=\frac{n\sum xy-\sum x\sum y}{n\sum x^2-(\sum x)^2}=\frac{10\times 36\ 933-662\times 473}{10\times 51\ 656-(662)^2}=\frac{56\ 204}{78\ 316}=0.717\ 7$$

$$b_0=\frac{\sum y}{n}-b_1\frac{\sum x}{n}=\frac{473}{10}-0.7177\times\frac{662}{10}=-0.208\ 9$$

所以，回归方程为 $\hat{y}=-0.208\ 9+0.717\ 7x$

上式说明，该社区 2019 年居民月可支配收入 x 每增加 100 元，消费支出 y 就平均增加 71.77 元；在月可支配收入 $x=0$ 的情况下，消费支出为 $-0.208\ 9$ 元。根据这个方程，可以估计该社区居民月可支配收入对消费支出的影响。估计的结果表明，该社区居民月消费支出随可支配收入的增加而增加。

【例 5－4】某地近几年机动车辆数与交通事故数的统计资料如表 5－9 所示。请判断机动车辆数与交通事故数之间是否具有线性相关关系，如果具有线性相关关系，求出线性回归方程。

表 5－9 某地近几年机动车辆数与交通事故数统计资料

机动车辆数 $x/10^3$ 辆	95	110	112	120	129	135	150	180
交通事故数 y/千辆	6.2	7.5	7.7	8.5	8.7	9.8	10.2	13.0

这里，我们可以借助 Excel，根据数据得到散点图，如图 5－2 所示，直观判断散点在一条直线附近，故具有线性相关性。

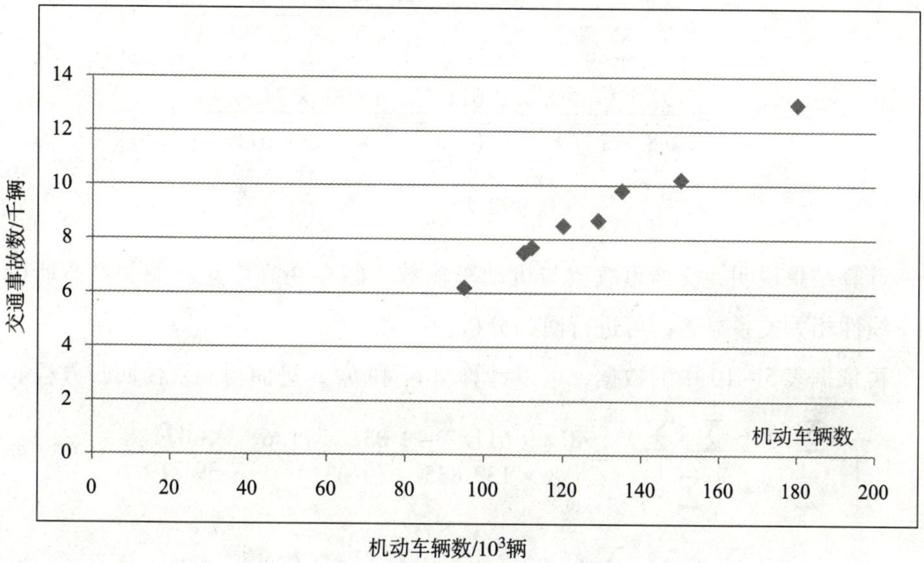

图 5－2 机动车辆数与交通事故数的散点图

严格来讲，应先计算出相关系数 R，再根据计算结果判断是否可进行回归分析，在相关关系显著的情况下再计算出回归方程，以下为严格的解题过程。

根据交通事故数与机动车辆数之间的关系，令交通事故数为因变量 y，机动车辆数为自变量 x，相关系数计算如表 5－10 所示。

表 5－10 机动车辆数与交通事故数的相关系数计算

x	y	x^2	y^2	xy
95	6.2	9 025	38.44	589.0
110	7.5	12 100	56.25	825.0
112	7.7	12 544	59.29	862.4
120	8.5	14 400	72.25	1 020.0
129	8.7	16 641	75.69	1 122.3

续表

x	y	x^2	y^2	xy
135	9.8	18 225	96.04	1 323.0
150	10.2	22 500	104.04	1 530.0
180	13.0	32 400	169.00	2 340.0
$\sum x = 1\,031$	$\sum y = 71.6$	$\sum x^2 = 137\,835$	$\sum y^2 = 671$	$\sum xy = 9\,611.7$

$$R = \frac{n\sum xy - \sum x \sum y}{\sqrt{n\sum x^2 - (\sum x)^2} \times \sqrt{n\sum y^2 - (\sum y)^2}}$$

$$= \frac{8 \times 9\,611.7 - 1\,031 \times 71.6}{\sqrt{8 \times 137\,835 - (1\,031)^2} \times \sqrt{8 \times 671 - (71.6)^2}}$$

$$\approx \frac{3\,074}{3\,096.7} \approx 0.992\,7$$

计算结果说明，交通事故数与机动车辆数之间存在高度正相关关系。所以，x 和 y 线性相关关系显著，可进行回归分析。

再依据表 5-10 中的数据，可以计算出 b_1 和 b_0，进而得到线性回归方程。

$$b_1 = \frac{n\sum xy - \sum x \sum y}{n\sum x^2 - \left(\sum x\right)^2} = \frac{8 \times 9\,611.7 - 1\,031 \times 71.6}{8 \times 137\,835 - (1\,031)^2} = \frac{3\,074}{39\,719} \approx 0.077\,4$$

$$b_0 = \frac{\sum y}{n} - b_1 \frac{\sum x}{n} = \frac{71.6}{8} - 0.077\,4 \times \frac{1\,031}{8} = -1.024\,1$$

所以，回归方程为 $\hat{y} = -1.024\,1 + 0.077\,4x$

上式说明，该地近几年机动车辆数 x 每增加 1 000 辆，交通事故数 y 就平均增加 0.077 4 千辆。根据这个方程，可以估计该地机动车辆数对交通事故数的影响。估计的结果表明，该地交通事故数随机动车辆数的增加而增加。

三、估计标准误差

在进行预测时，要了解预测的可靠性，测算观测值与估计值之间的平均离差程度，就需要计算估计标准误差。估计标准误差也称剩余标准差、回归标准误差，是剩余变差的平均数的平方根。估计标准误差以回归直线为中心，反映各观测值与估计值之间的平均离差程度，用来说明直线回归方程代表性大小的统计分析指标。

直线回归方程是在直线相关条件下反映两个变量之间一般数量关系的数学模

型。根据直线回归方程，可以由自变量的给定值推算因变量的值。但是，推算出的因变量的值并不是一个精确数值，而是一个估计值。这就是说，由回归方程进行预测是存在误差的。误差越大，拟合的直线回归方程越不精确；误差越小，拟合的直线回归方程越精确，即代表性越大。因此，求出直线回归方程后，有必要对其拟合精度进行检测。估计标准误差就是进行这种检测的统计分析指标。

估计标准误差的计算方法主要有两个，一个是定义公式，一个是简捷公式。

定义公式为：

$$S_{yx} = \sqrt{\frac{\sum (y - \hat{y})^2}{n - m}}$$

式中，S_{yx} 表示估计标准误差，y 表示因变量实际值，$\hat{y}$ 表示因变量估计值，n 表示相关数列的项数，m 表示回归方程中位置参数个数。

按照上面的定义公式计算标准误差十分烦琐，运算量较大，因为它需要计算出因变量 y 所有的估计值。在实践中，在已知直线回归方程的情况下，通常用下面的简捷公式计算估计标准误差。

$$S_{yx} = \sqrt{\frac{\sum y^2 - b_0 \sum y - b_1 \sum xy}{n - m}}$$

【例 5－5】仍采用表 5－2 资料，说明估计误差的计算方法。估计标准误差计算如表 5－11 所示。

表 5－11 居民家庭的月可支配收入和消费支出的估计标准误差计算

x	y	x^2	y^2	xy	$\hat{y}$	$y-\hat{y}$	$(y-\hat{y})^2$
18	15	324	225	270	12.71	2.29	5.25
25	20	625	400	500	17.73	2.27	5.14
45	30	2 025	900	1 350	32.09	−2.09	4.35
60	40	3 600	1 600	2 400	42.85	−2.85	8.13
62	42	3 844	1 764	2 604	44.29	−2.29	5.23
75	53	5 625	2 809	3 975	53.62	−0.62	0.38
88	60	7 744	3 600	5 280	62.94	−2.94	8.67
92	65	8 464	4 225	5 980	65.82	−0.82	0.67
99	70	9 801	4 900	6 930	70.84	−0.84	0.70
98	78	9 604	6 084	7 644	70.12	7.88	62.07
$\sum x=$ 662	$\sum y=$ 473	$\sum x^2=$ 51 656	$\sum y^2=$ 26 507	$\sum xy=$ 36 933	$\sum \hat{y}=$ 473.00	—	$\sum (y-\hat{y})^2=$ 100.58

根据定义公式，估计标准误差为：

$$S_{yx}=\sqrt{\frac{\sum(y-\hat{y})^2}{n-m}}=\sqrt{\frac{100.58}{10-2}}=3.55\text{（百元）}$$

根据简捷公式，估计标准误差为：

$$S_{yx}=\sqrt{\frac{\sum y^2-b_0\sum y-b_1\sum xy}{n-m}}$$

$$=\sqrt{\frac{26\,507-(-0.208\,9)\times 473-0.717\,7\times 36\,933}{10-2}}=3.55\text{（百元）}$$

可见两个公式计算的结果是一致的。当然，有时两种方法计算结果不完全一致，这是由计算过程中小数的取舍造成的少许出入导致的。

四、运用一元线性回归模型进行推算

回归方程最有效的用途就是在给定自变量数值 $x=x_0$ 的前提下，推算因变量的数值 $y=y_0$。按照准确程度，估计分为点估计与区间估计两种方法。

点估计方法是指将自变量数值 $x=x_0$ 代入回归方程，用计算的回归估计值 $\hat{y}=\hat{y}_0$ 直接作为因变量 y_0 的估计值。

区间估计的方法是指以回归估计值 $\hat{y}=\hat{y}_0$ 为基础，得出因变量 y_0 在一定概率保证下可能取值的一个区间。这个区间也叫置信区间。当因变量 y 为正态分布，且 n 较大（$n\geqslant 30$）时，置信区间的一般形式为：

$$[\hat{y}_0-\mu_{\frac{\alpha}{2}}S_{yx},\hat{y}_0+\mu_{\frac{\alpha}{2}}S_{yx}]$$

其中，$\mu_{\frac{\alpha}{2}}$ 表示与置信度对应的标准正态概率双侧临界值，其他与前相同。

【例 5-6】 接【例 5-5】，假设同一社区某居民家庭 2019 年全年可支配收入为 11 百元，在 95% 的概率保证下，估计其消费支出。

已知 $x_0=11$ 百元，$S_{yx}=3.55$ 百元；当置信度 $1-\alpha=95\%$ 时，临界值 $\mu_{\frac{\alpha}{2}}=1.96$（见附录三），则有：

$$y_0=-0.208\,9+0.717\,7\times 11\approx 7.69\text{（百元）（点估计）}$$

$$y_0=7.69\pm 1.96\times 3.55\approx 14.65\text{（百元）}$$

即 y_0 在 0.73～14.65 百元（区间估计）

这种利用回归方程进行的估计在日常社会经济生活中经常用到，是一种重要的管理工具。值得注意的是，回归方程只能以自变量 x 推算因变量 y，而不能反过来以因变量 y 推算自变量 x。

习 题 五

一、判断题

1. 相关关系和函数关系都属于完全确定性的依存关系。（ ）

2. 假定变量 x 与 y 的相关系数是 0.8，变量 m 与 n 的相关系数为 -0.9，则 x 与 y 的相关关系密切程度较高。（ ）

3. 如果两个变量的变动方向一致，同时呈上升或下降趋势，则二者一定是正相关关系。（ ）

4. 在直线回归分析中，两个变量是对等的，不需要区分因变量和自变量。（ ）

5. 在进行相关分析和回归分析时，必须以定性分析为前提，判断现象之间有无关系及其作用范围。（ ）

6. 正相关指的就是两个变量之间的变动趋势都是上升的。（ ）

二、单选题

1. 下面是函数关系的是（ ）

A. 销售人员测验成绩与销售额大小的关系

B. 圆周的长度与它的半径的关系

C. 家庭的收入和消费的关系

D. 数学成绩与统计学成绩的关系

2. 两个变量间的相关关系称为（ ）

A. 正相关　　B. 负相关　　C. 单相关　　D. 复相关

3. 下列关系中，属于正相关关系的是（ ）

A. 合理限度内，施肥量和单位面积产量之间的关系

B. 产品产量与单位产品成本之间的关系

C. 商品的流通费用与销售利润之间的关系

D. 商品流通费用率与销售量之间的关系

4. 相关系数 R 的取值范围是（ ）

A. $-\infty < R < +\infty$　　B. $-1 \leqslant R \leqslant 1$

C. $-1 < R < 1$　　D. $0 \leqslant R \leqslant 1$

5. 当相关系数 $R = 0$ 时，表明（　　）

A. 现象之间完全无关　　B. 相关程度较小

C. 现象之间完全相关　　D. 无直线相关关系

6. 在回归直线 $\hat{y} = b_0 + b_1 x$ 中，b_1 表示（　　）

A. 当 x 增加一个单位时，y 增加 b_0 的数量

B. 当 y 增加一个单位时，x 增加 b_1 的数量

C. 当 y 增加一个单位时，x 的平均增加量

D. 当 x 增加一个单位时，y 的平均增加量

三、简答题

1. 什么是相关关系？相关关系与函数关系有何区别与联系？
2. 什么是回归分析与相关分析？两者有何区别与联系？
3. 相关关系有哪些种类？
4. 回归方程有哪些种类？
5. 相关分析与回归分析有何作用？
6. 相关分析与回归分析一般分哪几个步骤？

四、应用能力题

1. 某工业企业某种产品产量与单位成本的相关数据如表 5－12 所示。

表 5－12　某工业企业某种产品产量与单位成本的相关数据

年份	2012	2013	2014	2015	2016	2017	2018	2019
产品产量 x/万件	2	3	4	3	4	5	6	7
单位成本 y/(元·件$^{-1}$)	73	72	71	73	69	68	66	65

（1）根据上述资料，绘制相关图，计算相关系数。

（2）确定单位成本 y 对产量 x 的回归方程，指出当产品产量增加 1 万件时，单位成本如何变动。

（3）计算估计标准误差。

（4）当产量为 8 万件时，在 95.45% 的概率保证程度下，对单位成本进行区间估计。

2. 为研究数学成绩与统计学成绩之间的关系，现从某学院抽取 10 人进行调查，所得结果如表 5－13 所示。

表 5-13 某学院 10 名学生的数学成绩和统计学成绩的相关数据

学生编号	1	2	3	4	5	6	7	8	9	10
数学分数/分	86	74	95	79	64	76	98	75	97	79
统计学分数/分	82	76	94	77	66	82	89	79	88	86

（1）根据所给的数据绘制相关图，判断数学成绩与统计学成绩之间的相关形态。

（2）计算数学成绩与统计学成绩之间的相关系数。

3. 从某市抽查 10 家百货商店，得到销售额和利润率的资料，如表 5-14 所示。

表 5-14 某市 10 家百货商店销售额和利润率的相关数据

商店编号	每人月平均销售额/元	利润率/%
1	6 000	12.6
2	5 000	10.4
3	8 000	18.5
4	1 000	3.0
5	4 000	8.1
6	7 000	16.3
7	6 000	12.3
8	3 000	6.2
9	3 000	6.6
10	7 000	16.8

（1）计算每人月平均销售额与利润率的简单相关系数。

（2）推断利润率对每人月平均销售额的一元线性回归方程。

（3）若某商店每人月平均销售额为 2 000 元，试估计其利润。

（4）计算估计标准误差。

4. 5 位同学统计学的学习时间与学习成绩如表 5-15 所示。

表 5-15 5 位同学统计学的学习时间与学习成绩的相关数据

每周学习时间/小时	学习成绩/分
4	40
6	60
7	50
10	70
13	90

（1）计算学习时间与学习成绩之间的相关系数。

（2）建立一元线性回归方程。

（3）计算估计标准误差。

5. 某地高校教育经费与高校学生人数连续 6 年的统计资料如表 5－16 所示。

表 5－16　某地连续 6 年的高校教育经费与高校学生人数的相关数据

教育经费/万元	在校学生人数/万人
316	11
343	16
373	18
393	20
418	22
455	25

（1）计算相关系数。

（2）建立回归方程，估计教育经费为 500 万元时的在校学生人数。

6. 某地 2019 年的房屋销售价格 y 与房屋面积 x 的数据资料如表 5－17 所示。

表 5－17　某地 2019 年的房屋销售价格与房屋面积的数据资料

面积 x/平方米	88	92	102	112	106
价格 y/万元	112	137	148	153	150

（1）判断房屋销售价格与房屋面积之间是否具有相关性，若相关，求出相关系数。

（2）建立线性回归方程。

视野开阔

大数据和生活

随着科学技术的不断发展和进步，尤其是信息化社会的迅猛发展，统计学的发展和应用越来越广泛。当代著名的统计学家C. R. Rao在《统计与真理》中提到，在终极的分析中，一切知识都是历史；在抽象的意义下，一切科学都是数学；在理性的世界里，所有的判断都是统计学。我们来一起看看统计大数据与我们生活有哪些联系吧。

第一篇　电子商务与大数据

大数据已经无处不在，大数据给人们带来了商机，涉足大数据的商业如雨后春笋般出现。互联网购物正逐渐成为人们购物的主要方式，电子商务的繁荣带动了相关产业的不断升级。为了迎合大数据时代的特征，也为了更好地把握住大数据时代的种种商机，各电子商务企业纷纷涉足互联网金融，追逐大数据。

提到网购就会想到马云的阿里巴巴。阿里巴巴可谓国内电子商务界的龙头老大，阿里巴巴成功的因素之一就在于非常重视数据。1999年成立的阿里巴巴经过二十多年的发展，企业平台上已经积累了大量的数据，已经拥有阿里巴巴B2B、淘宝网、天猫商城、阿里云等众多子公司。

除了阿里巴巴之外，亚马逊、IBM、微软、甲骨文、百度等公司为了应对大数据时代的挑战和机遇，都在积极挖掘大数据中的宝藏。众多的商务企业在大数据的基础上，纷纷开始涉足互联网金融。网上支付、手机客户端支付已经成为主要的支付方式。

下面介绍亚马逊和阿里巴巴是如何利用大数据的。

一、亚马逊的大数据实践

亚马逊是全球第一家网络书店，它的掌门人是贝索斯（Jeff Bezos）。2016 年，亚马逊的净利润达到了 24 亿美元，每股收益为 4.90 美元，同比上一年增长了 3 倍。据统计，其中 1/3 的收入来自亚马逊的个性化推荐系统。和很多企业不同的是，亚马逊推出新产品和服务的速度非常快，并不需要进行长时间的调研、分析等步骤。因为只要推出了新产品，几周之后，消费者就会自动留下珍贵的评论和购买数据，亚马逊采用大数据技术，详细分析这些数据背后的真相，准确地评估自己的新产品，从而决定是否继续推广、如何推广等。

亚马逊拥有最大的电子商务网络，这也使其可以大规模地收集消费者在浏览和消费的过程中留下的一切痕迹，从而拥有全面精准的数据。以此为中心，亚马逊开发了一款能够和苹果的 iPad 抗衡的产品——Kindle Fire。

亚马逊成立于 1995 年，成立之初一直处于亏损的状态，而且逐年严重。直到 2003 年，亚马逊才终于开始盈利。亚马逊的转变归功于它强大的推荐系统，亚马逊网店系统最强大的一点就是能够让顾客发现自己的潜在需求，“人气组合”“购买了此商品的用户还浏览了”等栏目都是吸引顾客发现自己潜在需求的“钓钩”。

亚马逊将顾客在网站内的所有行为都通过系统记录下来，根据数据的特点进行分类处理，按照商品类别形成不同的推荐栏目。例如，“今日推荐”就是根据当天顾客浏览的信息记录，推出一些点击率最高或者购买率最高的产品；“新产品推荐”则是根据顾客搜索的内容为其提供大量新产品的信息；“用户浏览商品推荐”则是将顾客曾经浏览过的商品信息再一次推向顾客，让顾客考虑购买或者进行二次购买。

捆绑销售法也是亚马逊采用的有效方法之一，即利用数据挖掘技术分析顾客的购买行为，找到某件商品的购买者经常一起购买的其他商品，构成销售组合，进行捆绑销售。“他人购买或浏览过的商品”栏目则是通过社会化的机制，根据购买同类商品的顾客的喜好，为顾客提供更多的选择，使顾客更加方便地挑选。

亚马逊成功的另一个主要原因是，亚马逊给出了大量的真实数据，让顾客在短时间内就对其产生了信任。亚马逊的推荐内容是根据真实的数据分析计算出来的，每个用户的档案中都记录了该用户的所有购买和浏览行为。亚马逊的商品评价系统也从另一个方面归纳和反映了顾客对产品的偏好。

二、阿里大数据

阿里巴巴应该是国内大数据的领导者，早在2010年就开始关注大数据战略。同年，MaxCompute（原ODPS）开始布局，蚂蚁小贷开始创业。2012年，阿里设立了CDO（Chief Data Officer，首席数据官）岗位以及成立了CDO事业部，全面负责阿里集团的数据分享平台的大数据战略。2014年，马云再次提出“人类正从IT时代走向DT（Data Technology，数据技术）时代”。IT时代是以自我控制、自我管理为主，而DT时代是以服务大众、激发生产力为主。

“未来制造业的最大能源不是石油，而是数据。”马云这样形容数据的重要意义。在他看来，阿里巴巴本质上是一家数据公司，做淘宝的目的是获得零售业的数据和制造业的数据；做物流不是为了送包裹，而是将这些数据合在一起。在阿里内部，由电子商务、互联网金融、电商物流、云计算与大数据等构成的阿里巴巴互联网商业生态圈，也正是阿里研究院扎根的“土壤”。

具体而言，阿里巴巴平台的所有数据均来自数百万充满活力的小微企业、个人创业者以及数亿消费者，阿里研究院通过对他们的商务活动和消费行为等进行研究分析，从某种程度上可以看出一个地方乃至宏观经济的结构和发展趋势。而随着阿里巴巴生态体系的不断拓展和延伸，阿里巴巴的数据资源一定程度上将能够有效弥补传统经济指标在衡量经济冷暖方面存在的滞后性缺陷，帮助政府更全面、及时、准确地掌握微观经济的运行情况。

具体到数据领域，阿里巴巴在互联网商业生态的基础上，从企业数据、就业数据、消费数据、商品数据和区域数据等入手，通过大数据挖掘和建模，开发若干数据产品与服务。例如，将互联网数据与宏观经济统计标准对接的互联网经济数据统计标准，包括了城市分级标准、网络消费结构分类标准、网上商品与服务分类标准等；而按经济主题划分的经济信息统计数据库则包括商品信息统计数据库、网购用户消费信息统计数据库、小企业与就业统计数据库、区域经济统计数据库。

对于如何利用大数据，马云在演讲中曾提到，“未来几年内，要把一切业务数据化，一切数据业务化”。其中，后半句话可以理解为，让阿里巴巴各项业务所产生、积累的大数据来丰富阿里的生态，同时让生态蕴含的数据产生新的价值，再反哺生态，这是一个循环逻辑。比如，蚂蚁金服旗下的芝麻信用未来将通过分析大量的网络交易及行为数据，如用户信用历史、行为偏好、履约能力、身份特质、人脉等信息，对用户进行信用评估，这些信用评估可以帮助互联网金融企业对用户的还款意愿及还款能力做出判断，继而为用户提供快速授信及现金分期服务。再如，对于农村电商领域，阿里研究院从2010年就已开始对“沙集模式”个案进行研究，后续一系列由数据和案例调研所驱动的农村电商研究成果，对于地方政府科学决策、推动当地农村电子商务发展、创造就业和发展地方经济起到了助力作用。

生活中的电子商务已经渗入各个行业和领域，无论是企业还是商贸甚至是校园，都可以感觉到电子商务带来的改变和便利。

第二篇　医疗与大数据

从人类长远发展来看，大数据应用的最佳领域便是卫生保健和医疗领域，因为这个领域一直拥有巨大的数据量。医疗行业中每天都会产生大量的数据信息，比如检验结果、费用数据、影像数据、感应数据、基因数据等。在医疗保健领域，大数据关键的应用是能预测流行病、治疗疾病、提高生活质量和避免可预防的死亡等。相关专项研究指出，如果能排除体制障碍，大数据分析可以帮助美国医疗服务业一年创造3 000亿美元的附加价值，重点集中在五大领域：临床操作、付款定价、研发、新商业模式和公众健康，涵盖了十多项应用场景。

一、临床操作

在临床操作方面，有五个主要的大数据应用场景。

1. 比较效果研究

通过全面分析患者特征数据和疗效数据，然后比较多种干预措施的有效性，可以找到针对特定患者的最佳治疗途径。基于疗效的研究包括比较效果研究（Comparative Effectiveness Research，CER）。研究表明，对同一患者来说，医疗服务提供方不同，医疗护理方法和效果就不同，成本上也存在着很大的差异。精准分析所包含的数据为患者体征数据、费用数据和疗效数据等大型数据，它们可以帮助医生确定临床上最有效和最具有成本效益的治疗方法。医疗护理系统实现CER，将有可能减少过度治疗和治疗不足的问题。

2. 临床决策支持系统

临床决策支持系统可以分析医生输入的条目，比较其与医学指引不同的地方，从而提醒医生防止潜在的错误，如药物不良反应等，可以提高工作效率和诊疗质量。通过部署这个系统，医疗服务提供方可以降低医疗事故发生率和索赔数，尤其是因临床错误引起的医疗事故。大数据分析技术将使临床决策支持系统更智能，这得益于对非结构化数据的分析能力的日益加强。比如可以使用图像分析和识别技术识别医疗影像，比如 X 光、CT、MRI 等，或者挖掘医疗文献数据建立医疗专家数据库，从而给医生提出诊疗建议。

此外，临床决策支持系统还可以使医疗流程中大部分的工作流向护理人员和助理医生，使医生从耗时过长的简单咨询工作中解脱出来，提高治疗效率。

3. 医疗数据透明度

提高医疗过程数据的透明度，可以使医疗从业者、医疗机构的绩效更透明，间接促进医疗服务质量的提高。根据医疗服务提供方设置的操作和绩效数据集，可以进行数据分析并创建可视化的流程图和仪表盘，促进信息透明。流程图的目标是识别和分析临床变异和医疗废物的来源，然后优化流程。仅仅发布成本、质量和绩效数据，即使没有与之相应的物质上的奖励，也往往可以促进绩效的提高，使医疗服务机构提供更好的服务，从而更有竞争力。数据分析可以带来业务流程的精简，通过精益生产降低成本，找到符合需求的高效的员工，从而提高护理质量，并给患者带来更好的体验，也给医疗服务机构带来业绩的增长。

4. 远程患者监控

从对慢性病患者的远程监控系统搜集数据，并将分析结果反馈给监控设备，从而确定今后的用药和治疗方案。根据统计，我国各类慢性病患者超过 3 亿人，尤其是我国进入老龄化时代以后，将存在非常大的照护缺口，远程患者监护系统对治疗慢性病患者非常有用。远程患者监护系统包括家用心脏监测设备、血糖仪，甚至还包括芯片药片。芯片药片被患者摄入后，则实时传送数据到电子病历数据库。此外，通过对远程监控系统产生的数据的分析，可以减少患者住院时间，减少急诊量，实现提高家庭护理比例、增加门诊医生预约量的目标。

5. 对患者档案的先进分析

在患者档案方面应用高级分析可以确定哪些人是某类疾病的易感人群。比如，应用高级分析可以帮助识别哪些患者有患糖尿病的高风险，使他们尽早接受预防性保健方案。这些方法也可以帮患者从已经存在的疾病管理方案中找到最好的治疗方案。

二、付款定价

对医疗支付方来说，通过大数据分析可以更好地对医疗服务进行定价。

1. 自动化系统：更精准的医疗事故鉴定和索赔

利用自动化系统（例如机器学习技术）检测欺诈行为具有巨大的经济意义。通过一个全面、一致的索赔数据库和相应的算法，可以检测索赔准确性，查出欺诈行为。这种欺诈检测可以是追溯性的，也可以是实时的。在实时检测中，自动化系统可以在支付发生前就识别出欺诈行为，避免重大损失。

2. 基于卫生经济学和疗效研究的定价计划：基于效果付费

一些医疗支付方正在利用数据分析衡量医疗服务提供方的服务，并依据结果进行定价。医疗服务支付方可以基于医疗效果进行支付，可以与医疗服务提供方进行谈判，检测医疗服务提供方提供的服务是否达到约定的标准。

三、研发

医疗产品公司可以利用大数据提高研发效率。

1. 预测建模：以更低成本开发药物

医药公司在新药物的研发阶段，可以通过数据建模和分析确定最有效率的投入产出比，从而配备最佳资源组合。模型基于药物临床试验阶段之前的数据集及早期临床阶段的数据集，尽可能及时地预测临床结果。评价因素包括产品的安全性、有效性、潜在的不良反应和整体的试验结果。通过预测建模，可以降低医药产品公司的研发成本。

2. 提高临床试验设计水平

使用统计工具和算法可以提高临床试验设计水平，并在临床试验阶段更容易地招募到患者。通过挖掘患者数据，评估招募患者是否符合试验条件，从而加快临床试验进程，提出更有效的临床试验设计建议，并找出最合适的临床试验基地。

3. 临床实验数据分析

分析临床试验数据和患者记录可以确定药品更多的适应证和发现不良反应。在对临床试验数据和患者记录进行分析后，可以对药物进行重新定位，或者实现针对其他适应证的营销。实时或者近乎实时地收集不良反应报告，可以实现药物警戒。

4. 个性化治疗：精准的治疗效果

通过对大型数据集（例如基因组数据）的分析，发展个性化治疗。个性化医学可以改善医疗保健效果，比如在患者发生疾病症状前就提供早期的检测和诊断。

很多情况下，患者用同样的诊疗方案，但是疗效却不一样，部分原因是遗传变异。针对不同的患者采取不同的诊疗方案，或者根据患者的实际情况调整药物剂量，可以减少不良反应。

四、新商业模式

大数据分析可以给医疗服务行业带来新的商业模式。

1. 汇总患者的临床记录和医疗保险数据集

汇总患者的临床记录和医疗保险数据集并进行高级分析，将提高医疗支付方、医疗服务提供方和医药企业的决策能力。比如，对医药企业来说，其不仅可以生产出具有更佳疗效的药品，而且能保证药品适销对路。

2. 网络平台和社区

另一个潜在的大数据是网络平台和社区，这些平台已经产生了大量有价值的数据，包括患者的问诊数据、医生的学习习惯等。

五、公众健康

大数据的使用可以改善公众健康监控。公共卫生部门可以通过覆盖全国的患者电子病历数据库，快速检测传染病，进行全面的疫情监测，并通过集成疾病监测和响应程序，快速进行响应。这将带来很多好处，包括医疗索赔支出减少，传染病感染率降低，卫生部门可以更快地检测出新的传染病和疫情等。提供准确和及时的公众健康咨询，将会大幅提高公众健康风险意识，同时也将降低传染病感染风险。

第三篇　交通与大数据

说到交通与大数据，很多人都有亲身体验。比如在线导航，它不仅能根据实时的路况帮用户规划最佳路线，在行驶的过程中还会根据路况的变化情况动态调整路线，这实际上就是大数据在交通领域的直接应用。再比如网上购买火车票，输入出发点和目的地后，系统就会显示从出发点到目的地之间的所有可能车次及其时刻表，同时还会显示各车次、各等次车票的余票信息。还有打车软件，可以帮助我们快速联系到出租车。在城市公共交通中，有些城市设立了公交车行驶状态电子屏，在某一站等车时可以通过电子屏获取要等的车次目前所处的位置和到达前还需要停靠多少站等信息。像这样的应用还有很多，可见大数据已经给我们的交通带来了很大的便利。

2015 年，政府工作报告中首次提出“互联网 +”行动计划。互联网与传统行业的融合发展将从全流程上改造传统行业，从而产生新的业态。互联网与交通的碰撞也形成了线上资源合理分配、线下高效优质运行的新格局。

在“互联网 +”背景下，智能交通大数据技术的应用不仅将“先知”逐渐变成现实，更建立起车、路、人之间的网络，通过整合信息，使得交通更加智能、精细和人性化，大大提高了管理者获取数据的能力、决策能力和管理交通的能力。

目前，我国城市的交通信息化已经建立起了基于电子警察、电子卡口数据的车辆缉查布控系统，对假牌套牌、逾期未检验、涉嫌盗抢车可进行自动报警；集合视频监控系统、公安 GPS 系统、交通 GIS 系统以及无线通信系统等建立的 110 指挥平台，具备了对辖区内突发事件决策处理“指令下得去、情报上得来”的能力。除此以外，交通流诱导系统、交通流采集系统、交通违法自动考量系统、交通视频监控系统等信息采集技术在各城市主干道已被广泛使用，“互联网 + 交通”已经具备了实时而庞大的数据源。

一、“互联网 + 交通”的表现形式

1. 事前预判

交通问题（如飞机晚点和延误、堵车等），已经成为我们生活中习以为常的问题。交通永远不会有发展到最完美的时候，人类会不断提出新的要求以改善舒适度。智能交通能够提高人们出行的计划性，以出行高峰时段的交通拥堵为例，通过他人的出行数据，预备出行者可以提早知晓不久后的某时段交通预计的流量情况，以此妥善安排自身的出行计划。另外，智能交通可以提高出行的可靠性。例如甲要从 A 地去 B 地，必经路线的堵车已经无法避免，通过智能交通的技术手段，根据以往同一时段该路线的交通状况，可以预估同样出行方式下将可能多耗费的时间。还有，应用智能交通的自动避让和制动等功能还可以在一定程度上提高出行的安全性。

2. 调整更改

对于城市交通管理者，智能交通是帮助其提高管理的技术手段。

例如，道路的渠化由交通设计院规划设计，然后施工建设。然而道路及其周边区域的情况不是一成不变的，随着城市的发展，道路起初的设计现在可能无法

满足市民的实际需求。比如城北新建了一个工业园区，那么早高峰时往北面上班的车会明显增多，同时晚高峰时从城北返城的车也会增多。这时，之前设计的道路显然不足以满足市民的需求，将道路再次设计成潮汐车道或者是可变车道均可提升道路的通行能力，满足市民的需求。但是如何选择呢？这时，道路上安装的电子警察、卡口和视频监测器所采集的过车信息和车流量数据就可以为道路的渠化提供有用的信息。

再如，有些城市的红绿灯装有信号控制系统，在所有道路资源都充分使用的条件下，合理的红绿灯配时可以让道路的通行率大大提升。交通信号控制系统可根据前端独立的车辆信息来直接调整对应信号灯的绿信比，也可根据区域整体的车流状况对信号灯配时方案进行有针对性的区域协调。同时，这部分交通参数信息也可供其他相关联的交通管理系统使用。比如，通过大数据采集分析和交通仿真进行区域的信号协调控制。

3. 分析应用

对交通出行的大数据进行分析总结可以得出不同城市的相互联系强度、城市流动人口的来源，指导城市对外交通建设；能够分析出城市交通现象与重要事件之间的关系，有效预防下次突发事件造成的交通压力；能够反映居民的出行路径、偏好，总结出居民的出行习惯，从而为第三方服务平台提供参考，加快推进交通运输由传统产业向现代服务业转型升级。

智能交通综合管控平台存储了大量的交通数据信息，如何有效、充分地利用这些信息非常重要。通过对平台存储的数据进行智能研判分析，获得一些潜在的有价值的数据和信息，为交通管理、刑侦稽查提供重要的线索和数据信息。

比如案件刑侦分析时，某些车辆行驶轨迹可能会成为重要线索。平台行车轨迹分析功能的作用就显现出来了，可以输入关注车辆的号牌，选定关注的时间段进行分析。分析结果会以列表的方式呈现，按照时间先后顺序显示该车辆在此时间段内的所有信息。如果平台部署了电子地图模块，可在电子地图模块展现车辆行车轨迹分析结果，并按照车辆行驶的时间和空间顺序，在地图中描绘车辆行驶轨迹。同时，目前机动车数量激增，我们无法直接凭借肉眼观察判定车辆号牌真伪、是否套牌，智能交通综合管控平台使用车牌识别技术，采集经过监测点车辆的信息，如车牌号码、车身颜色、车辆类型、出现时间，根据创建的套牌分析模型，实时自动完成套牌嫌疑车辆的检测和报警，可有效打击车辆套牌的行为。

而在治安监控中，外来车辆初次入城信息将会成为外地车辆流窜作案的重要线索。可利用卡口、电子警察采集车辆数据信息，在指定时间段内，对首次经过指定路口的车辆进行查询。此功能配合城市卡口包围圈、城际卡口、电子警察采集的数据信息将发挥更大的作用。

另外，智能交通综合管控平台对交通数据进行研判分析，可将违法多发地点按照违法次数从高到低的次序显示，为交通管理部门的警力调动安排提供参考。

二、智能交通大数据的主要应用

1. 智能行为分析，助力违法监测

在传统的道路监控中，抓拍闯红灯、超速、逆行、不按导向行驶等功能已经被人们熟知，如今结合图像智能分析算法能够更加精确地识别车牌颜色、车身颜色、车型、车标、车辆品牌等属性，并且能实现不系安全带和接打电话行为检测、遮阳板检测等众多智能行为分析检测，更好地规范驾驶员的行为习惯，遏制事故与违法源头，同时也为交警实现非现场执法提供了强有力的技术保障。此外，在交通应用中，人脸识别功能所发挥的作用也日益凸显。它通过分析抓拍图中的人脸部分，比对黑名单库或进行嫌疑人人脸检索，助力公安抓捕违法犯罪分子，实现城市道路畅通与公共安全有序发展。

2. 智能路况分析，提高道路通行效率

随着互联网技术的普及和完善，将先进的信息技术、通信技术、传感技术、控制技术以及计算机技术等有效地集成运用于公路监控体系，极大提高了监控、管理、服务效率。

各功能系统产生快速、大量、多样的数据，经过高效的数据查询、分析处理功能，也就是面向大数据的分析处理技术，可实时准确地获取公路交通信息，为交通管理和交通信息服务提供数据支持。如应用传感技术获取道路结冰、雨雪、大雾、事故、施工等信息，建立交通信息发布及服务系统，为出行者提供准确的出行信息，并可把服务信息通过运营商网络发布到出行者移动终端上，向司机提供天气、路面状况、事故易发地等信息，并可推荐行驶路线。

3. 智能研判分析，提供决策依据

交通数据智能研判系统通过无缝对接城市卡口系统，运用云计算、车辆特征二次识别、大数据挖掘等技术，对部分交通行为或事件多维度碰撞预警和特征的深度二次分析，如首次进城、高危地区、遮挡面部等层层过滤式的嫌疑车辆挖掘技术，预测犯罪行为可能在何时、何地、哪些人之间发生，满足事前预警、事中

打击、事后侦查的不同场景需求，为公安、交警等不同业务部门提供决策依据。

4. 智能拥堵分析，助力城市交通规划

随着城市汽车保有量的不断上升，城市拥堵问题日益严峻。通过大数据建设道路交通指数，得知拥堵路段、拥堵时间、拥堵空间，通过数据分析掌握现状、找出规律、进行预测，为城市道路、轨道交通、公交系统的建设提供依据。

第四篇　教育与大数据

当今世界，科技日新月异，移动互联网、云计算、普适计算、大数据、物联网、人工智能等现代信息技术改变了人们的思维、生产、生活、学习方式，教育环境也发生了翻天覆地的变化。网络、平台、平板、搜索引擎、慕课、微课、私播课、云课堂、翻转课堂深刻地改变了技术扩散、知识共享的方式；出现了云教育平台、智慧教室、云课桌、电子书包、电子教材、可穿戴技术等，教育技术的进步呈现加速推进的新态势；开放教育资源使教学资源呈现全球化、数字化、大众化、可视化、微课化、智能化、便捷化、集约化、动态化、生成化、内聚性、多源性趋势，学习方法呈现多样化、个性化、定制化、碎片化、交互性、开放性的特点。慕课引发的“数字海啸”正在改变传统的教学方式。艺术化、情景化的教学设计，微型化、模块化、案例化的视频资源，网络游戏化的随堂测试，智能化互评的学习机制，使慕课成为学生拓展课程内容的理想选择。这意味着在大数据时代，教育的全球化、国际化竞争进程大大加速，正式学习与非正式学习的界限已经模糊。技术性媒体开拓了师生、生生沟通的新维度，教与学环境日益信息化、生活化。在线学习平台多年积累的大量揭示学习行为的结构化数据（如测试成绩、统计数据等）以及非结构化数据（如文本、图片、音频、视频、超媒体、全文文本、各类报表等）正在增多。教育大数据正在成为教育领域不可忽视的新型驱动力，在教育教学研究与实践中发挥着越来越重要的作用。

那什么是教育大数据呢？为了解析教育大数据的真正意义，需要对教育大数据的构成和特性进行分析。

在教育大数据的构成方面，在线学习的数据必不可少。可以说教育大数据的广受关注，与在线教与学的盛行有着密不可分的关系。在舍恩伯格的《与大数据同行——学习和教育的未来》一书中，第一个大数据教育应用案例就来自在线学习。随着在线教学的日益普及，在教与学过程中，由学习管理系统和各类移动设备所记录下来的各类海量数据成为分析教学过程的重要来源。这些数据包括记录学习过程的行为数据、记录学习结果的评价数据，以及学习形成的社会网络关系数据等。由这些数据拓展开来，教育大数据还包含着各类学生个人信息数据、教学管理数据等。可见，教育大数据来自教育教学的主体和过程。

依照不同层级的主体和教育教学活动的各项内容，教育大数据可以分为四个层次和六大类型。四个层次包括个体、学校、区域和国家。六大类型包括基础数据、教学数据、科研数据、管理数据、服务数据和舆情数据。其中，基础数据包括以人口学为代表的学习者基本信息数据；教学数据包括教学过程中涉及的过程、内容和结果数据；科研数据包括在各类教育教学实验与科研项目中获得的数据；管理数据包括各类教育管理系统中记录下来的数据，如学生的学籍数据、档案数据和各类统计数据等；服务数据包括各类与教育教学相关的服务系统中记录的数据，如各类师生生活服务、图书档案服务等；舆情数据包括各类公开媒体中与教育相关的数据，如各类教育新闻数据、微博等社会网络系统中的教育相关数据等。

一、教育大数据的特征

从特征的角度看，教育大数据的特征与大数据的特征既有重合又有不同。首先，从规模上看，教育大数据的体量尚未达到零售业、电信业等行业的规模，但已经超出了传统数据工具的处理能力。其次，从流动速度的角度，教育大数据流转速度相对较慢，并不像交易数据、搜索数据或通信数据具有快速流转的特性。相应地，教育教学的周期性决定了教育大数据具有典型的周期性。从数据构成方面看，教育大数据中非结构化数据特别是音视频数据占很大比重。这些数据来自课堂录像、教学资源等，不同于传统数据库记录的数据，具有一定的分析复杂性。同时，与电商等领域中步骤清晰、结果明确、周期较短的交易活动不同，教育教学活动具有更高的过程复杂性，通过教育大数据分析发现规律也就更为困难。综上，教育大数据的特征可以概括为强周期性、高复杂性和巨大价值。

二、教育大数据的来源、类型和结构

1. 教育大数据的来源

教育大数据产生于各种教育实践活动，既包括正式和非正式环境下的学习活动，也包括线上和线下的教育教学活动。

教育大数据的核心数据源头是“人”和“物”，“人”包括学生、教师、管理者和家长；“物”包括学习平台、校园网站、多媒体设备等各种教育装备。

2. 教育大数据的分类

（1）根据数据产生的业务，教育大数据可分为教学类数据、管理类数据、科研类数据、服务类数据。

（2）根据数据结构化的程度，教育大数据可分为结构化数据、半结构化数据、非结构化数据。

（3）根据数据产生的环节，教育大数据可分为过程性数据、结果性数据。

3. 教育大数据的结构模型

教育大数据包括基础层、状态层、资源层、行为层，如图6－1所示。

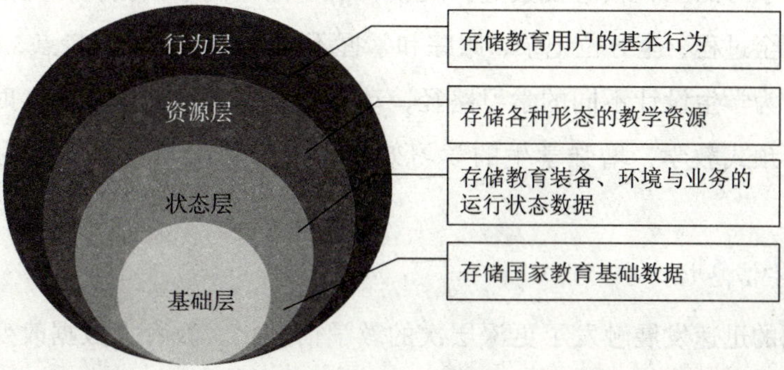

图6－1 教育大数据的结构模型

三、教育大数据的作用

教育大数据将助推教学决策科学化、管理精细化、学习个性化、教学信息化。

1. 教学决策科学化

大数据的应用使教师能够突破教学经验、常识、主观臆断的视野局限，其总体样本的特性能够避免个体见识和判断对决策科学性的负面影响。大数据时代，在线学习平台可以采集到更多更细的教育行为数据。比如，学习者资源浏览行为记录、交互记录、作业情况、测验成绩、小组报告质量、论坛发帖的数量和质量等都能以日志记录的形式被保存下来。这些实时教育数据被挖掘、研判与共享，可帮助教师反思课堂教学和在线课程设计，选择更科学、更适合的教学策略，助推基于证据的教学，让教师教之有“数”，让管理者管之有“理”。

2. 管理精细化

大数据技术的发展为实现教育精细化管理，推动教育绿色、生态发展提供了有利条件。数据驱动管理有利于大幅度提升学校管理服务的水平和质量，使教育服务体验智能化。已有部分学校利用了大数据创新教育管理和服务模式，并已初见成效。

技术可以帮助各种教育装备自由接入在线学习平台，智能化定位、识别、跟踪、记录学习者在灵活学习空间的学习数据，比如记录学习者的呼吸、心率、面部表情、语音甚至是脑电波数据等，观察和分析学习者的复杂学习行为模式，制订精细化的培养方案。

3. 学习个性化

大数据推动个性化学习方式兴起，孔子所倡导的“因材施教”正成为现实。大数据改善学习的三大核心要素是：反馈、个性化和概率预测。在大数据分析的支持下，可全过程、全方位记录、跟踪和掌握不同学习者的学习特点、学习需求、学习风格，为学生设计不同的学习路径，动态适应和调整教学内容、时间、方法等，实施干预式教学，增强学生的学习效率，让教学回归“以学生为中心”的本真。

4. 教学信息化

大数据的迅速发展触发了更深层次的教学信息化。教育大数据改变了固有的教育教学系统生态环境，冲击了教师原有的工作方式和思想观点，促进了教育公平、优质、均衡、创新、个性、灵活和开放，也对教师提出了知识技能方面的诸多更高的要求。每个人都要承担自己的职责，与他人分享自己的观点，吸收他人的专长和经验等。教师要适应大数据时代的新型师生关系，应对技术变迁产生的新矛盾。

附录一　统计调查方案设计案例

国家“营改增”试点调查方案设计
——陕西省某物流企业典型调查

一、调查背景及问题的提出

（一）调查背景

“营改增”是营业税改增值税的简称。“营改增”是将以前缴纳营业税的应税项目改成增值税。增值税就是对于产品或者服务的增值部分纳税，减少了重复纳税的环节。此项税改于1954年由法国率先实施，因其有效解决了传统营业税重复征税的难题，迅速被各国争相采用，眼下全球有170余个国家和地区的广义服务业将营业税改为增值税。

根据国家财政部、国家税务总局印发的《营业税改征增值税试点方案》指出，试点时间从2012年1月日开始，先在交通运输业、部分现代服务业等生产性服务业开展试点，逐步推广至其他行业。

2013年4月10日，国务院召开常务会议，决定从8月1日起在全国推进“营改增”试点。4月28日，财政部、国家税务总局召开全国“营改增”视频会议，对扩大“营改增”试点工作进行了专门部署。

经国务院批准，陕西省实施营业税改征增值税的具体范围是交通运输业和部分现代服务业。交通运输业包括：陆路运输服务、水路运输服务、航空运输服务、管道运输服务。部分现代服务业包括：研发和技术服务、信息技术服务、文化创意服务、物流辅助服务、有形动产租赁服务、鉴证咨询服务。从2013年8月1日起，从事广播影视作品的制作、放映、发行的纳税人提供的应税服务也纳入“营改增”范围。

（二）问题提出

陕西省“营改增”试点以来，交通运输业特别是部分物流公司反映，他们的应交税额没有下降，反而呈上升的状态，这与国家“营改增”的初衷背道而驰。课题组针对这一情况展开了调研。

二、调查方案

（一）调查背景、调查目的

1. 调查背景

在“营改增”的大环境之下，交通运输业在整个服务业中有一定的影响，通过对交通运输业的相关调查，分析“营改增”对服务业的影响。被调查对象应熟悉公司以往的市场占有率、收益、在同行业中的优势与劣势等基本情况。

2. 调查目的

希望通过此项调查明确物流公司“营改增”现状，了解公司员工对“营改增”政策的了解程度，“营改增”对公司的影响情况以及员工对这一政策的看法；还要了解公司在行业中的市场占有率、收益等情况，从而分析对服务业的影响。

（二）调查对象和调查单位

调查对象：某物流企业财务人员。

调查单位：陕西省西安市某物流公司。

填报单位：陕西省西安市某物流公司。

调查内容包括三个部分：调查对象个人信息、对公司的了解情况以及“营改增”相关问题。

（三）调查项目、调查表和开展调查情况

1. 调查项目

根据调查目的确定调查项目。

2. 调查表

本项调查的调查表采用实地访问问卷格式，问卷按照调查目的的要求设计，

包括座谈提纲和调查表。

3. 开展调查情况

确定顺利开展调查，获得足够的调查样本。

（四）调查时间、调查结果

1. 调查时间

2013年1月1日—2014年12月31日。

2. 调查结果

本调查的成果形式为调查书面报告，内容包括以下三点。

（1）调查设计文件——调查方案、调查问卷。

（2）调查数据报告——频数和频率、众数、中位数、均值、方差、概率估计、假设检验、卡方检验、单因素方差分析、简单相关分析、统计分布图。

（3）调查研究报告——引言、摘要、研究目的、研究方法、调查过程、分析结论（行业分析等）、研究建议、附录。

（五）调查工作的组织实施

根据研究目的的要求，采取抽样的方式从总体中抽取部分单位调查，调查问卷涉及“营改增”比较多，所以选取与财务相关的人员参与填表。

本项调查的统计处理内容包括两个部分：资料整理、数据分析。

具体工作内容如下。

（1）接收与核对问卷以及财务人员提供的资料（登记与编号、筛选无效问卷、估算各类子样数目以确定是否要进行补充调查）。

（2）编辑（校对）与检查问卷（重新填写、缺失处理、丢弃）。

（3）编码（问题变量编码、问卷变量编码）。

（4）数据录入（建立数据库、数据录入、差错与核对）。

（5）统计预处理（加权、变量重赋、量表转换等）。

根据研究目的，在单变量分析（频数和频率、众数、中位数、均值、方差、概率估计、假设检验）、双变量分析（主成分分析、相关系数、回归分析）、多变量相关分析（方差分析、主成分分析、相关系数、回归分析）中选择分析法，使用SPSS软件和Excel进行统计分析。

附录二　统计调查问卷案例

案例一　大学生租房意愿调查

亲爱的同学们，你们好！我们正在做一项关于大学生租房意愿的调研，此次调研完全匿名，也不会做其他的商业用途，全部完成问卷将花费5～10分钟时间，我们期待您的宝贵意见！

1. 您的年龄段（　　）

A. 18岁以下　　B. 18～25岁　　C. 26～30岁　　D. 30岁以上

2. 您的性别（　　）

A. 男　　B. 女

3. 您就读的学校（　　）

A. 西北政法大学（长安校区）　　B. 陕西师范大学（长安校区）

C. 西北大学（长安校区）　　D. 西安邮电大学（长安校区）

E. 西安外国语大学（长安校区）　　F. 其他学校

4. 您目前在读的年级（　　）

A. 大一　　B. 大二　　C. 大三　　D. 大四

E. 研究生以上　　F. 其他

5. 您毕业后的打算是（　　）

A. 国内继续读研、读博深造　　B. 工作就业

C. 出国　　D. 暂无明确打算

6. 您家乡是（　　）

A. 西安本地　　B. 陕西省内其他城市

C. 外省市

7. 您目前的居住状态（　　）

A. 住学校宿舍　　B. 校外小区单元房租房住
C. 校外公寓租住　　D. 酒店长住
E. 回家住　　F. 其他

8. 目前宿舍、租屋有哪些家具电器及其他配置（多选）（　　）

A. 床　　B. 书桌椅　　C. 独立卫生间　　D. 公共卫生间
E. 空调　　F. 电视　　G. 风扇　　H. 独立洗澡间
I. 沙发　　G. 其他

9. 您能接受和别人合租吗（　　）

A. 绝对不接受　　B. 勉强接受　　C. 无所谓　　D. 比较愿意
E. 非常愿意

10. 如果一个人住，您能接受的最小面积是多少（　　）

A. $18m^2$ 左右就够了　　B. $18 \sim 36m^2$
C. $36 \sim 45m^2$　　D. $45 \sim 60m^2$
E. $60m^2$ 以上

11. 您目前每个月的生活费大概有多少（　　）

A. 500 元以下　　B. 500 ~ 800 元
C. 800 ~ 1 000 元　　D. 1 000 ~ 1 500 元
E. 1 500 ~ 2 000 元　　F. 2 000 元以上

12. 您能够接受的最高月租是多少（　　）

A. 500 元以下　　B. 500 ~ 800 元
C. 800 ~ 1 000 元　　D. 1 000 ~ 1 500 元
E. 1 500 ~ 2 000 元　　F. 2 000 元以上

13. 如果在某高校附近有一栋青年公寓，最小面积 $18m^2$，提供完备的家具电器、独立卫生间，可以洗澡上网，并且配有健身房、咖啡厅、洗衣房，您愿意尝试吗（　　）

A. 不愿意　　B. 愿意

14. 目前身边在外租房的同学多吗（　　）

A. 非常多　　B. 挺多的　　C. 一般　　D. 很少
E. 几乎没有　　F. 不知道

15. 他们都在哪里租房（多选）（　　）

A. 周边的村民房　　B. 小区单元房

C. 公寓　　　　　　　　　　　　　　D. 酒店长住

E. 不知道　　　　　　　　　　　　　F. 其他

16. 您觉得目前宿舍、出租屋居住最大的不便和不满意的地方是：__________

____

再次感谢您的参与与支持，祝您生活愉快！

案例二　购房喜好情况调查

今年，您会选什么样的房子？

请在你所选答案编号处打“√”，或按题目要求填写问卷，于××年××月××日前将有效答卷邮寄至本报物业版，按邮戳标明日期的先后顺序，前50名读者将可获得本报半年期赠阅卡。

一、综合

请您评价一下下面各因素对您选择住宅的重要性，按重要性大小将各因素用1~11排序。

- 物业所处地段及交通
- 发展商实力和信誉及物业品牌
- 优美的物业周边环境
- 优美及规划完善的小区环境
- 设有大型娱乐购物商场
- 完善的康乐设施
- 完善的物业
- 治安良好及有先进的保安系统
- 智能化的屋宇设备
- 价格吸引及价值空间
- 区内或附近有幼儿园和中小学

	房	厅	洗手间
打算购买的户型	1	1	1
	2	2	2
	3	3	3
	4		
	5		
其他			

二、户型、结构与地点

1. 你打算购买的户型（填上表）是：

2. 你打算购买住宅的建筑面积为（　　）

A. 60m^2 以下　　B. 60~80m^2　　C. 80~100m^2　　D. 100~120m^2

E. 120~150m^2　　F. 150~180m^2　　G. 180~220m^2　　H. 220~250m^2

I. 250～300m^2　　J. 300m^2 以上

3. 在住宅面积已定的情况下，你愿意选择的厅房面积分布是（　　）

A. 客厅越大越好，主人房及一般睡房够用便可

B. 主人房及一般睡房应宽敞舒适些，客饭厅够用便可

C. 卫生间和厨房够用即可

D. 卫生间和厨房要尽量大

4. 您打算购买的住宅类型是（　　）

A. 高层住宅（超过 15 层）

B. 小高层住宅（8～15 层）

C. 多层住宅（7 层或以下），有电梯

D. 多层住宅（7 层或以下），没有电梯

5. 您打算购买住宅的结构为（　　）

A. 普通　　B. 跃式　　C. 复式

6. 请您对住宅朝向排出您的顺序（　　）

A. 南北对流　　B. 朝南　　C. 朝北　　D. 东西向

E. 朝西

7. 您打算购买的地区首选是（　　），其次是（　　），再次是（　　）

A. 燕莎、国贸商圈及延展地带　　B. 朝阳区及其他地段

C. 海淀高校区、中关村及延展地带　　D. 海淀区及其他地段

E. 长安街沿线　　F. 二环沿线

G. 三环沿线　　H. 四环沿线

I. 市郊　　J. 其他

三、设计与装修

屋内设施如附表 1 所示。

附表 1　屋内设施

住宅设施	非常需要	比较需要	有无都可	不大需要	完全不需要
A. 保姆房	1	2	3	4	5
B. 书房	1	2	3	4	5
C. 储物室	1	2	3	4	5

续表

住宅设施	非常需要	比较需要	有无都可	不大需要	完全不需要
D. 阳台	1	2	3	4	5
E. 主人房设衣帽间	1	2	3	4	5
F. 附在厨房外的工作阳台晾衣架	1	2	3	4	5
G. 窗台	1	2	3	4	5
H. 向西的单位加设遮阳板	1	2	3	4	5
I. 主人房设阳台	1	2	3	4	5
J. 卧房预留入墙衣柜位	1	2	3	4	5
K. 房门后的玄关位	1	2	3	4	5

1. 请问您打算购买的住宅是否需要以上设施，请在上表中勾选。

2. 您希望购买的住宅装修标准为（　　）

A. 全毛坯

B. 提供一般装修标准

C. 厨卫高档装修，其他毛坯

D. 开发商提供多种装修套餐供买家选择，装修费用另付

E. 开发商提供精装修

3. 以下设备如收取成本价由开发商提供，您会需要（　　）

A. 全套厨柜　　B. 炉具

C. 抽油烟机　　D. 净水过滤器

E. 垃圾处理机　　F. 热水器

G. 吊顶　　H. 换气扇

I. 洗衣机　　J. 冰箱

K. 微波炉　　L. 冷气柜

M. 都不要　　N. 其他

4. 主人房卫生间是否需要预置以下设备，请在附表 2 中勾选。

附表 2　卫生间设施

主人房卫生间预置设备	非常需要	比较需要	有无都可	不大需要	完全不需要
A. 浴缸	1	2	3	4	5
B. 淋浴间	1	2	3	4	5
C. 按摩浴缸	1	2	3	4	5

续表

主人房卫生间预置设备	非常需要	比较需要	有无都可	不大需要	完全不需要
D. 吊顶	1	2	3	4	5
E. 电动剃须刀插座	1	2	3	4	5
F. 预警电风筒					

5. 比较喜欢的阳台设计是（　　）

A. 传统式阳台　B. 落地玻璃阳台　C. 封闭式阳台　D. 其他

6. 您喜欢的住宅每层户数是（　　）

A. 两户及以下　B. 三至四户　C. 五至六户　D. 七至八户

E. 九户或以上　F. 无所谓

7. 若顶层单位连天台出售，会否增加您选购顶层单位的兴趣（　　）

A. 大大增加　B. 增加

C. 无所谓　D. 不打算购买顶层单位

四、配套设施及物业服务

1. 请问您目前是否拥有汽车（　　）

A. 有　B. 没有

2. 购买住宅时，您是否需要停车位（　　）

A. 不需要　B. 需要一个　C. 需要一个以上

3. 您希望的停车位位置在（　　）

A. 室外　B. 室内地上　C. 地下

4. 您打算购买还是租用停车位

购买，您认为合理的购买价格是________/个

租用，您认为合理的租金为________/月

5. 选购住宅时，您认为小区内是否需要建有以下设施？请在附表 3 中勾选。

附表 3　小区内设施

小区住宅会所设施	非常需要	比较需要	有无都可	不大需要	完全不需要
A. 室内游泳池	1	2	3	4	5
B. 室外游泳池	1	2	3	4	5

续表

小区住宅会所设施	非常需要	比较需要	有无都可	不大需要	完全不需要
C. 网球场	1	2	3	4	5
D. 保龄球场	1	2	3	4	5
E. 健身室	1	2	3	4	5
F. 桌球室	1	2	3	4	5
G. 篮球场	1	2	3	4	5
H. 羽毛球场	1	2	3	4	5
I. 高尔夫球场	1	2	3	4	5
J. 中餐厅	1	2	3	4	5
K. 西餐厅	1	2	3	4	5
L. 乒乓球室	1	2	3	4	5
M. 桑拿浴室	1	2	3	4	5
N. 阅览室	1	2	3	4	5
O. 医疗保健室	1	2	3	4	5
P. 老年人活动室	1	2	3	4	5
Q. 慢跑径	1	2	3	4	5
R. 儿童游乐设施	1	2	3	4	5
S. 卡拉 OK 房	1	2	3	4	5
T. 电脑室	1	2	3	4	5
U. 电子游戏室	1	2	3	4	5
V. 其他，请注明					

6. 请问您认为小区内是否需要为住户提供以下服务？请在附表 4 中勾选。

附表 4　小区内提供服务

住宅设备	非常需要	比较需要	有无都可	不大需要	完全不需要
A. 幼儿代管服务	1	2	3	4	5
B. 钟点服务	1	2	3	4	5
C. 衣物洗熨	1	2	3	4	5
D. 家居清洁	1	2	3	4	5
E. 代送牛奶	1	2	3	4	5

续表

住宅设备	非常需要	比较需要	有无都可	不大需要	完全不需要
F. 巴士服务	1	2	3	4	5
G. 送餐服务	1	2	3	4	5
H. 家电维修	1	2	3	4	5
I. 其他，请注明					

7. 若设有上述会所设施，您估计您每月使用会所的频率是（　　）

A. 经常使用（每月超过 10 次）　　B. 比较多使用（每月 5～10 次）

C. 比较少使用（每月少于 5 次）　　D. 基本不使用

8. 如设有上述会所设施，您愿意每月花__________（元）使用会所内的设施？

五、小区环境

1. 请问您喜欢哪一种住宅（　　）

A. 纯住宅小区辅以适量商业配套

B. 大型商场上的塔楼住宅连平台花园

C. 无所谓

2. 您首选的小区内部花园设计风格是（　　）

A. 欧式花园　　B. 北方庭院式花园

C. 日式花园　　D. 江南园林式花园

E. 不需要特别风格，宁静及绿化优美即可

F. 其他

六、收费与付费

1. 请问您是否打算在三年内购买价格在 5 000 元/m^2 以上的住宅（　　）

A. 是　　B. 不是

2. 您计划用于此次购房的支出最高不会超过__________万元。

3. 您认为合理的管理费应为每平方米__________元/月。

4. 您打算选用何种付款方式（　　）

A. 一次性付款　　B. 建筑期内分期付款

C. 银行按揭

5. 您希望按揭的比例是多少（　　）

A. 五成或以下　　B. 六成　　C. 七成　　D. 八成

E. 九成以上

6. 您希望按揭的期限是多少（　　）

A. 5 年以下　　B. 5～10 年　　C. 11～15 年　　D. 16～20 年

E. 20 年以上

7. 您愿意负担的首期款最高为____________万元。

8. 您愿意负担的月供款最高为____________元。

9. 如果租房，您愿意负担的最高月租为____________元（如不打算可不答）。

10. 您购房的主要目的是（　　）

A. 自用　　B. 出租

C. 投资（房价增值）　　D. 赠送亲友

E. 其他

七、购买决策

1. 您认为未来一年北京的房价将会怎样？请勾选。

> +20%	+15%	+10%	+5%	基本持平	-5%	-10%	-15%	> -20%

2. 若您有一笔多余资金投资，你会选用哪种投资方式（　　）

A. 房地产　　B. 股票　　C. 储蓄　　D. 债务

E. 其他

3. 请您写出您认为北京最好的 5 个高档住宅楼盘的名称？

1. ____________　　2. ____________

3. ____________　　4. ____________

5. ____________

4. 您一般是从哪里得知楼盘销售的有关信息？

A. 报刊广告（请注明报刊名称：____________________）

B. 电视广告（请注明电视台及频道：____________________）

C. 广播电台广告（请注明电台：____________________）

D. 网络（请注明网站名称：____________________）

E. 中介机构（请注明机构名称：______________________________）

F. 亲戚朋友介绍

G. 公共场所派送宣传资料　　　　H. 媒体新闻报道

I. 路过，顺便踩盘或上门看房　　　J. 房展会

K. 房产超市（精品家园）　　　　L. 其他，请说明______________

5. 您是否同意以下关于发展商的实力与信誉的判断？同意打“√”，不同意打“×”。

A.（　　）广告版面大的发展商是有实力的。

B.（　　）售楼书制作越优美，发展商实力越强。

C.（　　）销售处装修越豪华，发展商实力越强。

D.（　　）上市公司的信誉比未上市公司的信誉好。

E.（　　）信誉好的发展商开发的住宅，价格较高是应该的。

F.（　　）应由其以前开发的楼盘质量和服务质量来决定对开发商的印象和信任程度。

八、细部处理

1. 现时居住的房子在托运大件家具时是否遇到如下困难（可多选）（　　）

A. 电梯入口过窄　　　　B. 楼梯及通道过窄

C. 搬运车辆远离大堂入口　　　　D. 没有电梯

E. 其他，请说明：________________

2. 您是否希望拿出一些面积用于营造室内环形交通线，从而营造一种公私分明的生活（　　）

A. 是　　　B. 否　　　C. 无所谓

3. 您是否希望将工人活动区完全固定在厨房附近，其中包括工人房、厨房、洗衣房、工人卫生间、服务阳台等（　　）

A. 是　　　B. 否　　　C. 无所谓

4. 您所要购买的小区与著名的大、中、小学校“联姻”，与大商家、医院等服务设备实现功能联络，是否会加快您的购买进程（　　）

A. 是　　　B. 否　　　C. 无所谓

背景资料

如不介意，请留下您的信息。

1. 姓名：

2. 性别：□男□女

3. 年龄：□30 岁以下　□30 ~ 40 岁　□40 ~ 50 岁　□50 岁以上

4. 家庭年收入：□10 万元以下　□10 万 ~ 30 万元　□30 万 ~ 50 万元　□50 万元以上

5. 工作单位：□国家机关　□国营企业　□股份制企业　□“三资”企业　□私营企业　□个体工商业者　□私营企业主　□独立工作室　□其他

6. 从事行业：□公务员　□IT 行业　□金融、证券业　□市场与销售　□房地产业　□广告与公关　□艺术与文化传播　□其他

7. 文化程度：□大专以下　□大专或本科　□硕士及以上

附录三　标准正态概率双侧临界值表

标准正态概率双侧临界值表如附表5所示。

附表5　标准正态概率双侧临界值表

$\mu_{\frac{\alpha}{2}}$	0.00	0.01	0.02	0.03	0.04	0.05	0.06	0.07	0.08	0.09
0.0	0.000 0	0.008 0	0.016 0	0.023 9	0.031 9	0.039 9	0.047 8	0.055 8	0.063 8	0.071 7
0.1	0.079 7	0.087 6	0.095 5	0.103 4	0.111 3	0.119 2	0.127 1	0.135 0	0.142 8	0.150 7
0.2	0.158 5	0.166 3	0.174 1	0.181 9	0.189 7	0.197 4	0.205 1	0.212 8	0.220 5	0.228 2
0.3	0.235 8	0.243 4	0.251 0	0.258 6	0.266 1	0.273 7	0.281 2	0.288 6	0.296 1	0.303 5
0.4	0.310 8	0.318 2	0.325 5	0.332 8	0.340 1	0.347 3	0.354 5	0.361 6	0.368 8	0.375 9
0.5	0.382 9	0.385 9	0.389 9	0.396 9	0.403 9	0.410 8	0.417 7	0.424 5	0.431 3	0.438 1
0.6	0.451 5	0.458 1	0.464 7	0.471 3	0.477 8	0.484 3	0.490 7	0.497 1	0.503 5	0.509 8
0.7	0.516 1	0.522 3	0.528 5	0.534 6	0.540 7	0.546 7	0.552 7	0.558 7	0.564 6	0.570 5
0.8	0.576 3	0.582 1	0.587 8	0.593 5	0.599 1	0.604 7	0.610 2	0.615 7	0.621 1	0.626 5
0.9	0.631 9	0.637 2	0.642 4	0.647 6	0.652 8	0.657 9	0.662 9	0.668 0	0.672 9	0.677 8
1.0	0.682 7	0.687 5	0.692 3	0.697 0	0.701 7	0.706 3	0.710 9	0.715 4	0.719 9	0.724 3
1.1	0.728 7	0.733 0	0.737 3	0.741 5	0.745 7	0.749 9	0.754 0	0.758 0	0.762 0	0.766 0
1.2	0.769 9	0.773 7	0.777 5	0.781 3	0.785 0	0.788 7	0.792 3	0.795 9	0.799 5	0.802 9
1.3	0.806 4	0.809 8	0.813 2	0.816 5	0.819 8	0.823 0	0.826 2	0.829 3	0.832 4	0.835 5
1.4	0.838 5	0.841 5	0.844 4	0.847 3	0.850 1	0.852 9	0.855 7	0.858 4	0.861 1	0.863 8
1.5	0.866 4	0.869 0	0.871 5	0.874 0	0.876 4	0.878 9	0.881 2	0.883 6	0.885 9	0.888 2
1.6	0.890 4	0.892 6	0.894 8	0.896 9	0.899 0	0.901 1	0.903 1	0.905 1	0.907 0	0.909 0

续表

$\mu_{\frac{\alpha}{2}}$	0.00	0.01	0.02	0.03	0.04	0.05	0.06	0.07	0.08	0.09
1.7	0.910 9	0.912 7	0.914 6	0.916 4	0.918 1	0.919 9	0.921 6	0.923 3	0.924 9	0.926 5
1.8	0.928 1	0.929 7	0.931 2	0.932 8	0.934 2	0.935 7	0.937 1	0.938 5	0.939 9	0.941 2
1.9	0.942 6	0.943 9	0.945 1	0.946 4	0.947 6	0.948 8	0.950 0	0.951 2	0.952 3	0.953 4
2.0	0.954 5	0.955 6	0.956 6	0.957 6	0.958 6	0.959 6	0.960 6	0.961 5	0.962 5	0.963 4
2.1	0.964 3	0.965 1	0.966 0	0.966 8	0.967 6	0.968 4	0.969 2	0.970 0	0.970 7	0.971 5
2.2	0.972 2	0.972 9	0.973 6	0.974 3	0.974 9	0.975 6	0.976 2	0.976 8	0.977 4	0.978 0
2.3	0.978 6	0.979 1	0.979 7	0.980 2	0.980 7	0.981 2	0.981 7	0.982 2	0.982 7	0.983 2
2.4	0.983 6	0.984 0	0.984 5	0.984 9	0.985 3	0.985 7	0.986 1	0.986 5	0.986 9	0.987 2
2.5	0.987 6	0.987 9	0.988 3	0.988 6	0.988 9	0.989 2	0.989 5	0.989 8	0.990 1	0.990 4
2.6	0.990 7	0.990 9	0.991 2	0.991 5	0.991 7	0.992 0	0.992 2	0.992 4	0.992 6	0.992 9
2.7	0.993 1	0.993 3	0.993 5	0.993 7	0.993 9	0.994 0	0.994 2	0.994 4	0.994 6	0.994 7
2.8	0.994 9	0.995 0	0.995 2	0.995 3	0.995 5	0.995 6	0.995 8	0.995 9	0.996 0	0.996 1
2.9	0.996 3	0.996 4	0.996 5	0.996 6	0.996 7	0.996 8	0.996 9	0.997 0	0.997 1	0.997 2
3.0	0.997 3	0.997 4	0.997 5	0.997 6	0.997 6	0.997 7	0.997 8	0.997 9	0.997 9	0.998 0

注：表中数字为中间概率 $1-\alpha$ 值；横纵标目的和为双侧临界值 $\mu_{\frac{\alpha}{2}}$ 的绝对值。

附录四　Excel 中常用的统计函数

为方便使用，本附录列出一些 Excel 中常用的统计函数（见附表6）。

附表 6　一些 Excel 中常用的统计函数

函数	语法	参数的含义	返回结果
AVERAGE	AVERAGE (number1, number2, ...)	number1, number2, …为计算平均值的数据区域	平均数
CORREL	CORREL (array1, array2)	array1 为变量 1 的数据区域, array2 为变量 2 的数据区域	相关关系
KURT	KURT (number1, number2, ...)	number1, number2, …为用于计算峰度系数的数据区域	峰度系数
MEDIAN	MEDIAN (number1 ,number2, ...)	number1, number2, …为用于计算中位数的数据区域	中位数
MORM. SNGL	MORM. SNGL (number1 ,number2, ...)	number1, number2, …为用于计算众数的数据区域	众数
QUARTILE	QUARTILE (array, quart)	array 为用于计算四分位数值的数组或数据区域; quart 指定返回哪一个值	四分位数
SKEW	SKEW (number1, number2, ...)	number1, number2, …为用于计算偏度系数的数据区域	偏度系数
STDEV. S	STDEV. S (number1, number2, ...)	number1, number2, …为用于计算标准差的数组区域	标准差
VAR	VAR (number1, number2, ...)	number1, number2, …为用于计算方差的数值	方差

习题答案

习 题 一

一、判断题

1. × 2. ×

二、单选题

1. C 2. B 3. D 4. C 5. B

三、简答题

略

四、应用能力训练题

略

习 题 二

一、判断题

1. × 2. × 3. √ 4. × 5. √ 6. ×

二、单选题

1. D 2. A 3. C 4. D 5. D 6. B 7. C 8. C 9. A 10. B

11. B　12. B　13. B　14. B　15. B　16. C　17. B　18. B　19. C　20. B

三、多选题

1. ABCDE　2. CD　3. ABD

四、简答题

略

五、应用能力训练题

略

习　题　三

一、判断题

1. ×　2. √　3. √　4. ×　5. √

二、单选题

1. A　2. D　3. B　4. C　5. B　6. B　7. D　8. C　9. C　10. A

三、简答题

略

四、应用能力训练题

略

习　题　四

一、判断题

1. ×　2. ×　3. √　4. ×　5. √　6. ×　7. ×

二、单选题

1. C　2. B　3. A　4. D　5. A　6. B

三、简答题

略

四、应用能力训练题

略

习　题　五

一、判断题

1. ×　2. ×　3. √　4. ×　5. √　6. ×

二、单选题

1. B　2. C　3. A　4. B　5. A　6. D

三、简答题

略

四、应用能力训练题

略

参考文献

［1］格里菲思．深入浅出统计学［M］．李芳，译．北京：电子工业出版社，2012.

［2］贾俊平．统计学：基于 Excel［M］．北京：中国人民大学出版社，2017.

［3］李洁明．统计学原理［M］．第 7 版．上海：复旦大学出版社，2017.

［4］史密斯．简单统计学［M］．刘清山，译．南昌：江西人民出版社，2018.

［5］贾俊平．统计学［M］．第 7 版．北京：中国人民大学出版社，2018.

［6］贾俊平，何晓群，金勇进．统计学［M］．第 7 版．北京：中国人民大学出版社，2018.

［7］陈建宏，杨彦柱．统计学基础［M］．第 2 版．北京：北京理工大学出版社，2018.

［8］韩兆洲．统计学原理［M］．第 8 版．广州：暨南大学出版社，2018.

［9］刘强．大数据时代统计学思维：让你从众多数据中找到真相［M］．北京：中国水利水电出版社，2018.

［10］贺彩玲，赵居霞．统计原理与实务［M］．北京：北京理工大学出版社，2019.

［11］郭国峰，左宇晓，王彦彭．统计学［M］．北京：高等教育出版社，2019.